先生とお母さんへのエール

井上美恵子

子どもって、
そして教育って
素晴らしい

あけび書房

はじめに

私が教師として子どもたちの前に初めて立ったのは、東京下町の小学校でした。１９７７年４月のことです。

「下町は君にあっているよ。頑張って！」

お世話になった大学の先生方は、そう言って送り出してくださいました。元気だけが取り柄の私へのはなむけの言葉でした。

それから38年間、ずっと下町の教師であり続けました。

荒川を挟んで隣り合わせの２つの区で４つの小学校にお世話になりました。

定年退職の年の２０１５年春、『クレスコ』（全日本教職員組合の月刊誌）から原稿依頼がきました。新人教師を励ます企画です。４年間務めた全日本教職員組合女性部部長としての最後の仕事になりました。「無数にあるはず、励ましのたね」と題して、先輩教師からのメッセージとしました。そこには私が新人教師だった時のとりくみを書きました（本書153ページに収録）。

退職後は再任用短時間勤務・新人育成教員として、引き続き教育現場に留まることにしました。1年ごとの更新で最大5年間勤務することができます。仕事は文字どおり、大学を卒業したばかりの新人の先生を育てることでした。

その最初の勤務先が、私の初任の学校でした。何というご縁でしょうか。おかげで、当時の教え子や保護者の方に再会することができました。

2020年3月、5年の任期を終えました。その間、5人の新人教師に出会うことができました。

そして、通算43年間、下町の教師生活が終わりました。コロナ禍の春、私の第二の退職です。

以下、本書の概要です。

序章では、私の教師像について書きました。いわば、私の自己紹介的な章です。私の教師像がどうやって作られてきたのか。大学時代、結婚・出産・子育てを通して女性教職員の視点、教職員組合活動を通しての側面から振り返ってみました。

1章は、東京民報に5年間連載したコラム「美恵子先生の子ども・教育」です。コラムがご縁で、他地区の組合や子育てカフェ、短期大学の就職セミナーの講師の依頼などをいただきました。初めてお会いした方とは思えないほど熱心に話し合うことができました。「子ども・教育」のテーマは話題がつきません。

2章は、いろいろな誌紙へのこれまでの寄稿文をまとめたものです。「しんぶん赤旗日曜版」2013年3月、「しんぶん赤旗日刊紙」2016年3月の記事は共に、小学校入学を控えた保護者の方に向けたアドバイスです。

全日本教職員組合女性部発行のブックレット『みんなで学ぶ女性の権利―男女ともに生きいき働き続けるために』(2013年4月発行)は、女性の権利獲得の歴史と権利の内容を学べるものです。これを活用して全国に学習会を開こうと呼びかけました。私は、「我慢しないで!セクハラ・パワハラ」と「あとがき」を全教女性部長として担当しました。その後は、学習会の講師として、青森と群馬におじゃましました。

『福島から伝えたいこと第2集―奪われた尊厳を取り戻すために』(2013年4月発行)、『第3集―希望は闘いの中に』(2015年10月発行)は、共に福島県立高等学校教職員組合女性部発行のブックレットです。

第1集は全国女性教職員学習交流集会in香川(2011年)でのカンパで作成され、2012年4月に発行されました。その後の第2集は全教女性部長として、第3集は元全教女性部長として寄稿しました。東京電力福島第一原発事故による放射能汚染は今も続いています。

『クレスコ』(全日本教職員組合発行の月刊誌)2015年4月号の特集「教師になったあなたへ2015」での、「無数にあるはず、励ましのたね」は、先輩からのメッセージです。

『学習の友』2015年6月号「生活から見た労働時間・家族との時間を奪わないで!」の企

画で、「制度のおかげで職場に戻ってこれた─組合が勝ち取った介護休暇制度」は、私の体験です。

『婦人通信』2017年5月号の特集「教育の危機─今こそ子どもの育ちを考えよう」では、「学校現場はいま─追いつめられる教師たち」と題して、学校現場報告をしました。

『教育』2018年7月号「円窓・ジェンダーのまなざし」のコーナーでの「平等を問う私の原点」は、私の父母のことを書いたものです。「教育のつどい」ジェンダー平等分科会の司会を5年間務めたことで、研究者の方々との交流ができました。

3章は、東京童話会の会報『話の研究』に寄稿した「私の童話のあゆみ」です。会報は月1回発行で、会長は屋代定男先生。2004年5月から2005年4月まで12回連載されました。

東京童話会は、教室で子どもたちに語る童話を研究する団体です。私は一から教えていただきました。月に一度の定例会は、厳しくもあたたかいものでした。東京都公立小学校児童文化研究会の童話部の研究母体でもあります（会は2011年解散）。私が今日まで研究を続けることができたのは、素話（語る童話）の魅力を丁寧に伝えてくださった先輩方のおかげです。機会のある度に区や市の児童文化部の講師として素話の魅力をお伝えしています。

本書は私の二度目の退職により教育現場を離れることがきっかけで出版されました。5年間にわたり掲載された東京民報「美恵子先生の子ども・教育」コラムをまとめて、もっとたくさんの方に届けたらどうか、ということが出発点でした。
「教育の話って面白いんだね。教育に関心を持つようになったよ」
「読んでいますよ。あたたかい気持ちになりました」
と、「美恵子先生の子ども・教育」コラムを読んでくださった方からある会合で声をかけられました。お一人は初めてお会いする男の方でしたので、とても驚きました。新聞の影響力は大きいです。本にしたら、もっとたくさんの方に読んでいただける。そのようなことで出版に至りました。

子ども・教育は全ての市民の関心ごとです。この本をきっかけにして教育を語り合えることができたらどんなによいでしょう。

コロナ禍で突然の3月休校から3か月が過ぎ、6月の学校再開となりました。「学校に行けて、うれしい」「でも、コロナが心配」は子どもたちの声です。大人が知恵を出し合って、子どもたちのために声を掛け合っていくときです。

（なお、登場人物の名前は仮名としました）

2020年7月

井上　美恵子

もくじ

1章　子どもって、そして教育って素晴らしい

序章

教師は幸せな仕事です

「どうして、こうした文章が書けるのですか？」

「井上さんの文章を読むと、あたたかく優しい気持ちになります」

「美恵子先生の教師像は、どうやって作られたのですか？」

「読み手にその秘密を明かしてください」

あけび書房代表の久保則之さんに問われました。

「私の教師像…？　65歳の今日まで駆け抜けてきただけで…」

私の歯切れの悪い対応に、ずばりと切り込まれました。

「本になさるなら、それが大切になります。がんばってください」


私の教師像はどうやって作られてきたのか。それは、まるで自分史をたどる作業になりました。

基本形は大学時代に作られました。次は、結婚、出産、子育てを通して深められました。女性教職員であるからこそ見えてきた視点があります。そして、教職員組合活動は私の教師としての基軸として内面を育ててくれました。

「学びながら戦い、戦いながら学ぶ」

これは、学生時代から好きだった言葉ですが、実際は「戦いながら学び、学びながら戦う」というスタイルでした。あまり深く考えない。まずやってみる。やってダメだったら変えていく。理論よりも経験重視。というとかっこがつく言い方ですが、要するにあまり深く考えてこなかったということでしょうか。

ですから今、こうして自分を振り返る機会が与えられたことに感謝をしています。

仲間と力を合わせることの大切さ

「君はどうして教育学部に来たの?」

大学に入学してすぐの新入生歓迎会の席で先輩に聞かれました。

「はい、女性が自立するには経済力が必要です。学校の先生は男性と対等だからいいと思いました」

これは即答しました。

「へーえ」

男子学生の反応でした。

「どんな先生になりたいの?」

この質問には、少し時間がかかりました。これまであまり深く考えたことがなかったからです。漠然としていました。

「子どもに好かれる先生になりたいです」

それが精一杯の答えでした。
大学生協の食堂で会話した一コマを覚えています。
私の大学生活はここから始まりました。

4年間の大学生活で学んだことは二つあります。一つは、教育は国民のためのものであること、決して国家のためのものではないということ。もう一つは仲間と力を合わせることの喜びを知ったことです。

地元の国立大学の教育学部に進んだのは、家族の影響からでした。両親と姉妹二人の4人家族で育ちました。専業主婦の母の口ぐせが「女が自立するには経済力がないとだめだ」でした。父の横暴なふるまいを見ると母がかわいそうに思えました。女性の自立にこだわりました。私の小学校時代の将来の夢は「学校の先生」になっていました。

入学した春、早乙女勝元先生（作家）のお話を伺いました。経済学部の講堂で大勢の学生と共に息をのんで聞き入りました。東京大空襲のお話でした。初めて聞くことばかりでした。二度と戦争をしてはいけない。女や子ども、老人、動物までが無残に焼け死んでいった話は今も心に残っています。

自分が子どもの頃、「お国のために死ね」と教えられた教育は何だったのか。焼け野原から生き残った者として、戦争の無残さと命の尊さを語り継いでいくということでした。凛とした立ち姿と張りのある鈴の音のような早乙女先生の声が耳に残っています。

この時は、この東京下町が私の教師生活の地になるとは夢にも思いませんでした。教師になってから毎年3月10日は東京大空襲の日として記念集会に参加し、学校では平和教育を進めていきました。２００２年には江東区に東京大空襲・戦災資料センターがオープンされました。私の家の近くにあります。

入学してすぐに新入生歓迎集会の実行委員になりました。自分が新入生なのに先輩に誘われて企画する側にたちました。みんなで話し合ってテーマを決め、企画立案する。自分たちの力で一つのことをやり遂げる楽しさは高校時代には味わうことができなかったことでした。

新入生歓迎集会に引き続き、大学祭や一二月集会などの文化行事を経済学部と共に進めました。特に、経済学部の夜学部の学生との出会いは、大変刺激を受けました。昼間働いているにもかかわらず、分担された役割をきちんと果たしていました。彼らが作成した手作り缶バッジは今も持っています。

市内合同の新入生歓迎集会のとりくみでは、町の中心にある信夫山を舞台に大イベントを成功させました。市内にある私立の短大や保育専門学校、農業短期大学、看護学生と力を合わせて進めました。一人ではできないけれどみんなで力を合わせれば大きなことが成し遂げられる。その喜びを仲間と共に味わいました。深夜まで話は尽きませんでした。それから、学生自治会の役員としての活動が始まりました。

大学には三者自治がありました。学生自治会と教職員組合、教授会の三者がテーブルにつき、対等に話し合うことができるというものです。その時は大学の新校舎設立にあたっての意見交換でした。学生自治会として学生の要求をまとめ、提示しました。その時に職員の方と顔見知りになりました。大学は職員の方に支えられていることに初めて気が付きました。

大学の自治は民主主義が基本です。学生も教職員も教授会もそれぞれの立場で互いに尊重しあい話し合って進めることができた時代でした。

ある時、ヘルメットをかぶりマスク姿で棒を持った学生が大学に入り込み、数日にわたって大声で授業を妨害に来たことがありました。よその大学から来た学生たちが主力でした。校門の前でみんなで腕を組んで追い返したことがありました。その時に、全大学人集会が開かれました。大学の三者が集まり、共に大学の自治を守ろうと話し合いました。暴力では何も解決しないこと、大学は毅然としていました。それからは、ヘルメットの学生たちは来ませんでした。母校に誇りを持ちました。

教育は国民のためのもの

教授の講義で毎回欠かさずに出席したのは、永山昭三先生の教育行政論でした。教室は毎回学生でいっぱいでした。実際の教育現場の様子を具体的な数字やグラフにして、分かりやすく分析して提示してくださいました。そのうえで教育のロマンを語ってくださいました。詳しいことは忘却の彼方で申し訳ないのですが、

「君のレポートはよく書けていましたよ。僕の話をよく聞いていましたね」

と声をかけていただいたことがありました。優をいただきました。

先生は、国民教育研究所の所長でもあることを後から知りました。

学習でもう一つ記憶にあるのは、自主ゼミです。当時、女子寮の隣に医科大学がありました。学生自治会のとりくみで知り合った医学部の学生の中に、東京大学教育学部と大学院を卒業した方がいらっしゃいました。その方のすすめで教育論文を読み合う学習会に参加することになりました。

「勝田守一」

初めて目にする名前でした。

勝田氏は東大の教授で日本の教育の第一人者であること。教育とは何かが彼の論文を読むことで分かる、教師を目指す人は読むべき論文ですよということでした。題名は「国民の基礎教養とは何か」だったような気がします。残念ながら劣等生である私には読みこなすことはできませんでした。今思えば、大変失礼で、残念なことをしたものです。

当時、若き研究者として福島においでになったばかりの境野健児先生のお宅におじゃましたのもこの頃でした。先生の奥様は若く魅力的で大人の女性を感じました。他にも、学生を快く自宅に招いてお話を聞かせてくださった先生方がいらっしゃいました。たくさんご馳走になりました。本当にありがとうございました。

学生自治会の動員でよく東京に行きました。夜行列車に乗って朝方到着。公園での集会や学習会に参加しました。大学で学んだ本の先生が目の前にいて、直接講義を受けることができたことに感激しました。坂本忠芳先生や堀尾輝久先生です。

4年生の時に全国教育系学生ゼミナールに初めて参加しました。埼玉大学での開催でした。『未来の教師』という雑誌は読んでいましたが、もうすぐ教育現場に立つので行ってみようと思い立ったのです。清水寛先生がいらっしゃいました。

学生の間を気さくに回り、会の運営に気を配っていることが分かりました。分科会が終わると後夜祭がありました。卒業生代表が在校生にむけて答辞をするセレモニーがあり、分科会の持ち回りということで初参加でしたが、それに選ばれました。もう一人は早稲田大学の男子学生でした。二人で文面を考えて宣言したとおり頑張ろうと思いました。

まだ見ぬ子どもたちが私たちを待っています。子どもたちに寄り添い、一人ひとりの成長発達のために教師として学び戦うことを誓いました。

そして、東京下町、江東区の小学校の教員になりました（『クレスコ』169号の記事参照）。

初めての家庭訪問●

「先生も結婚して子どもを産んだら分かるわよ」

初めて担任した2年生の親に言われた言葉です。

「今まで遠慮して言わなかったけれど、先生は理論ばかり振り回しても駄目だよ。心に響かないよ」

とだいぶたってから教えられました。大学を卒業したばかりの若い教師は頼りないばかりか理屈ばかりで困る。子どもは親の思いどおりにはいかないのだ、少しは親の苦労を分かってほしい、ということでした。

親は私の先生だ、と思いました。

初めての家庭訪問で忘れられないエピソードがあります。

「わが子は八百屋さんになるのが夢なんです。つり下げたかごに、じゃらじゃらお金が入っているのが魅力なんですって」

息子さんは、お話をしっかり聞くので、お勉強がよくできました。

「一度お店の人に万引きを疑われたことがありました。そうではないことが分かってもらえたのですが、それ以来、やはり心根をしっかり育てることが大事だと思っています。勉強よりも信用される人になってもらいたい」

お母さんの教育方針を聞いて、すっかり感心しました。

「最後に一つ、先生にお願いです。結婚しても、わが子を担任している間は子どもを産まないでくださいね」

産休に入って学校を休まれたら困るということでした。これもまた、親の本音だと思いました。

職員室に戻って先輩たちに報告すると、みなさんは憤慨していました。そして、語ってくださいました。

「教師が成長する道はいろいろあるけれど、母になって初めて分かることがあるのよ。子どもを産み育てることは教師としての成長につながります。何より親の思いが分かるようになるし、どの子も大切に育てていこうと思えるのよ」と。

男の先生は、

「お母さん先生の役割は大きいですよ。学校の子どもたちをゆったりとみてくれる。その視点にはげまされる」とエールを送ってくれました。

私は先輩の先生たちに恵まれていました。初任校の組合の組織率は90数パーセントでした。その時には、自分が子どもを産み育てるイメージは全くありませんでしたが、教師も一人の人間として大切にされる存在であることを教えてくれました。

結婚

大学を卒業する年に総選挙がありました。私は革新共同の安田純治氏のウグイス嬢でした。「親子二代、正義の弁護士、安田純治」「15の春を泣かせない」と、候補者カーから有権者の方に短い言葉で政策を訴えました。安田さんは見事に初当選を果たしました。穏やかで誠実な方でした。東京から取材に来ていた新聞記者は大学の先輩だというので知り合いになりました。

その年の暮れに、中通りにある村で補欠選挙がありました。卒業まじかでしたが、ウグイス嬢を引き受けました。結果は残念でしたが、保守との一騎うちに立候補して立ち向かった候補者は尊敬できる方でした。知り合ったばかりの新聞記者の彼は、いつも電話で励ましてくれました。

新卒一年目の夏にその人と結婚しました。

夫は6人兄弟姉妹の末っ子でした。私は二人姉妹の長女で4人家族でしたので、夫の実家に行くと大勢の人間がいることに驚きました。義理の父母、兄や姉たちが揃うと12人、私たち二人を入れると総勢14人になりました。甥や姪は10人いましたので、盆や暮れに集まるとまるで合宿のようでした。食事の支度や布団を敷く割り当てなどは、みな姉たちが取り仕切りました。みな仲が良く、大勢で話し合うことが新鮮でした。

夫・井上家の家風はお互いの意見を尊重し合うことでした。父母と6人の子どもたちは、小さい時から家族会議を開いて物事を決めてきたと聞きました。終戦後の明るい家庭づくり。こたつを囲んでみんな笑顔の古い写真がそれを物語っていました。

茶の間での話題が教育の話になりました。

「美恵子さん、学校の先生はこれだから困るのよ」

「学校の先生こそ、非常識ですよ。世の中の常識を分かっていない」

義姉たちは、私が担任している子どもたちの親世代です。わが子の学校や教室での出来事を聞かせてくれました。職員室では決して聞くことのできない話です。

ああ、親はそんなふうに思っているのだなあ…。

学校は権威ばかり振りかざさないで、もっと子どもや保護者の話を聞いてほしい、ということでした。一番下の弟の年齢よりさらに8つ年下の若い嫁に、ずっと年上のお姉さまたちが教えてくれたのでした。歯に衣を着せない率直な物言いに、はじめはびっくりしましたが、社会勉強になりました。

学校の先生であっても、社会人としては駆け出しです。

子どもはもちろんのこと、親の声に謙虚に耳を傾けなければならないと思いました。


その後は、クラスのPTA学級代表の方と連絡を取りあって、親のノートの回覧を始めました。親同士の交流を目的にして担任の私も仲間に入れてもらう形です。

わが子を育てるためには親同士のつながりが大切だということで、地域を方面別に分けて、4冊を回覧しました。お母さんたちは、みなさんよく協力してくださいました。ノートの内容は、自己紹介や得意のお料理レシピなどいろいろあった気がします。

年度末には、「ここがわが子の良いところ」としてお母さんたちに書いていただいた作文と、子どもたちの「一年間の中で一番楽しかったこと」の作文を親子セットにして作文集を作りました。クラス役員のお母さんたちと共に職員室を占拠⁉して作業をしました。日曜日の朝から晩まで一日中かかりましたが、そこはさすがお母さんたちです。差し入れまでしてくださいました。ゆで卵のおいしかったことを覚えています。

この頃は学級通信を日刊で出していました。

「お誕生日、おめでとう」の企画でお母さんにわが子へのメッセージを書いていただいたこともありました。子育ては一人ぼっちではできない。周りの人と支え合ってこそわが子が豊かに育つ。そんな思いに親御さんたちは応えてくださいました。懐かしい日々です。

出産

教師になって2年目から組合の青年部の役員をしました。

組合主催の若い教師に向けた教育講座は充実していました。「教師論」だけでなくもっと実践的な講座に人気がありました。「明日から教室で使えるゲーム」「板書の仕方」「集団遊び」等々。若い教師たちはさらに自主企画で文化祭もやりました。一方で中央合唱団の研究生として大久保まで合唱の勉強に行きました。放課後もめいっぱい活動していました。

もっと学びたい。体力だけはありました。今のように押し付け研修でいやいややらされているやり方とは根本的に違いました。自分の学びを追求できる自由がありました。

3年目には青年部と親組合の執行委員もかねて活動をしていました。この頃はあゆみ出版という出版社主催の泊まり込みの学習会がありました。伊豆だったような記憶ですが、学びに行くことが楽しくて仕方がなかった時代です。夏には、様々な民間教育研究団体の学習会に出かけて行きました。一番印象に残っているのは全生研（全国生活指導研究協議会）の学習会でした。教師たちの熱い学び合いに圧倒されました。

妊娠が分かっても、夜の組合の会合に参加していました。選挙で選ばれたからには任務を全うしなければならないと思っていたのでした。狭い部屋には、たばこの煙が充満していました。今思えば、考えられないことです。

学校では学級通信を出し続けました。子どもたちの成長の様子を伝えて、次の先生にバトンタッチしました。

4年目に第一子を出産しました。

予定日を2週間過ぎても、兆候がないということで帝王切開になりました。

後産の痛みと傷の痛みの中で考えたことは、世の中のお母さんたちはみんな素晴らしいということでした。子どもを産むということは大変なことで、それを乗り越えてきたのがお母さんたちであることに気づかされました。私も頑張らねば…。

わが子が生まれたときにお祝いをしてくださったのは保護者のみなさんでした。

自宅付近の喫茶店に集まって、お人形をくださいました。自宅に行けば余計な負担をかけると思ってのことだったと思います。生まれて3か月の娘より大きなお人形でした。平和の鳩の鳩子ちゃんと名前を付けました。

実はこの名前は、娘にと考えていました。2000年に二十歳を迎えるわが子に平和を手渡したい。そんな思いでしたが、以外なことに母の反対にあいました。名前のせいで、からかわれたりいじめられたりしたらかわいそうだということでした。

鳩子ちゃんの名前は、保護者の方々のおかげで思いがけずに復活しました。

お人形の鳩子ちゃんは、今も娘の傍で、そのままの姿で生きています。娘と共に、もうすぐ40歳になります。

その3年後に第二子を出産しました。やはり、普通分娩ではなく帝王切開でした。

子育て

子育てでは、たくさんの方にお世話になりました。

子どもを産み、働きながら子育てをするためには、日中わが子を預かってくださる保育所が必要です。

無認可保育園や公立保育園の保母さんには大変お世話になりました。無認可保育園では園の財源を作るためにバザーや物品販売は欠かせない活動でした。父親も母親も共に力を合わせました。当然のことながら、親たちはみな職種が違います。活動を通してお互いを知ることは楽しみの一つでもありました。

同じ区の中にいくつかの無認可保育園がありましたので、連合会をつくり、力を合わせていました。私が役員で入ったのは持ち回りの順番だったからだと思います。この時に、初めての親子コンサートを企画しました。会場を押さえてチケットを売り、収益を上げました。

「共育ち」

これは、保育運動を通して学んだ言葉です。保母と親と子、三者で力を合わせて共に育っていきましょう。という意味だと理解しているのですが。

互いに育ち合っていく関係は学校現場でも生かしていかなければと思いました。


無認可保育園を卒園すると、公立の保育園にお世話になりました。たくさんの親たちと友だちになりました。公立保育園父母の会連合会では事務局の仕事を手伝いました。保育料値上げ反対のとりくみで区役所に陳情に行ったり、親同士のつながり企画で仲良くなったりしました。

夜の集会や会合に出かける時には、持ち回りで子どもを預かり、夕ご飯を食べさせました。夫の帰りが遅いので、互いに協力をし合って、子どもを育ててきました。

ある時、知り合いになった若い保母さんに言われた言葉があります。

「私は学校の先生が嫌いです。子どもの頃にたくさん嫌な思いをしたから。家が貧乏だったし頭もよくなかったからかもしれないけれど」

申し訳ない気持ちになりました。私が小学校の教師であることから当時の思いを聞いてもらいたかったのだと思いました。教師は子どもに寄りそうことを忘れてはならないと思いました。話を聞かせてくれてありがとうございました。今でも忘れられない言葉です。

こんなこともありました。

「えーっ、その人あんたの亭主なの」

いつも背広の上から、おぶいひもで赤ん坊を背負って保育園に来る人。背広が曲がってしまっているのを見かけていたと言います。雨の日はズボンがもうびしょびしょ。

「わたしゃ、てっきり女房に逃げられた男やもめだと思っていた」

気っ風のいい姉御肌の彼女は頼りになる人でした。

夫は、上の子を保育園に預けてから、下の子を無認可保育園に連れていくのが日課でした。どんなに遅く帰ってきてもやり遂げてくれたので、とても助かっていることを話しました。

上の子が中学校に進んだ時に、初めての保護者会で彼女と再会しました。広い体育館にクラスごとに円陣を組み、ＰＴＡ役員決めになった時です。

「井上さんは学校の先生なんだから大変でしょう。ＰＴＡの役員はしないでいいよ。私がやるから」

と、助け舟を出してくれました。この時はいろいろな役を引き受けていましたので、本当に助かりました。

クラスでおたふく風邪が流行ったことがありました。私もうつってしまい、1週間40度の熱で寝込みました。耳の下が腫れ上がり、口を開けることができませんでした。治りかかってきた頃に、まさかの反対側の耳の下の腫れです。合計2週間寝込んだことがありました。

その時に助けてくれた人が、近所の魚屋さんのおかみさんでした。上の子の同級生のお母さんです。ご飯が作れないだろうからと、子どもたちのために何度もおかずの差し入れをしてくださいました。本当にありがたかったです。下町の人情のおかげで福島の実家に助けを求めることはありませんでした。


子どもを育てるためには親同士の助け合いが大切です。10人いれば10とおりの子育てがあります。互いの家庭の違いを認め合うことができると子どもたちの見方が変わってきます。理屈ではなくて事実から今できることを見つけていきたい、と学んだ時期でありました。

結婚、出産、子育ての経験は、私の教師としての世界を広げてくれました。

組合活動

私は、43年間、教職員組合員でいたことを誇りに思っています。私の教師像の基軸はここにあります。

日本がかつて、子どもたちを戦場に送ったこと、天皇のためにお国のために死ねと教えたこと、それは歴史の中で学びました。二度とあってはならないことです。

「教え子を再び戦場に送るな」

教職員組合のこのスローガンは、胸に響くものでした。日本国憲法と教育基本法に基づいて民主教育をすすめていくという組合は素晴らしいと思い、教師1年目の9月に加入しました。初めて私が組合の役員になった時の支部の委員長は岡島健太郎先生でした。小学校の図工専科で素晴らしい教育実践をする方でした。

「教師は教室だけでよい実践をしたと思うのは違います。社会に目を向けて変革をすること抜きに教育は語れません」と話されました。

今でも胸に刻んでいる言葉です。

教文部長は松本アイ子先生でした。小学校の教師で、やはり優れた教育実践家です。

「『教えるとは希望を語ること、学ぶとは誠実を胸に刻むこと』

これが私の座右の銘です」

と、ルイ・アラゴンの詩の一節を教えてくださいました。ルイ・アラゴンはフランスの詩人でナチスと戦ったレジスタンス運動の闘士であることを後で知りました。にこやかに語る先生は今でも私のあこがれです。そうありたいと思ってきました。

書記長は高岡岑郷先生でした。理論家で組合のことを一から教えてくださいました。事務職で詩人でもありました。その後は東京都教職員組合の委員長や革新懇の世話人をなさっていました。たまにお見かけした時には必ず声をかけてくださいました。

青年時代にお世話になった大切な方々です。

50代の女性部活動10年間は楽しかった体験がいっぱいです。

専従ではなかったので土曜日曜が会議や活動で埋まっていきました。確かに忙しいのですが、充実感でいっぱいでした。都や全国の役員をすることで、視野が広がりました。全国の女性教職員や他職種の女性たちと手をつなぎ、課題を解決するために共に歩みました。日本婦人団体連合会を通して視野は世界にも広がりました。ここでも素敵な女性たちにたくさん出会いました。

女性の権利の学習会で青森にお邪魔をした時のことです。小中学校の先生と高校の先生方が男性を含めて大勢待っていてくださいました。

学習会が終わり記念撮影をした後に声をかけられました。以前に東京の会議でお金を借りたというのです。

（はて？）

お礼の品を差し上げたくて参加した、ということでした。

（ああ、あの時）

思い出しました。何年前だったでしょうか。東京の組合事務所の会議室で分散会に参加していた時のことです。

「私、場違いなところに来てしまいました。私がこの場にいていいのでしょうか」

と休み時間に彼女がポツリと言いました。

「私も同じ思いです。話が難しいですよね」

それから飲み物を買おうと思ったけれど小銭がないことに気が付いたということでした。何気なく使ってくださいと小銭を差し出したことがありました。

私がいただいたのは青森伝統の刺し子でした。鮮やかなブルーともう一つ黄金の色遣いのポケットティッシュケースは、ご自身の手作りということでした。おまけにお菓子までいただきました。

「お借りしてから、だいぶ時が過ぎてしまいました。増えてしまった利息だと思ってくださ い」

と、にこやかに話されました。なんて律儀なのでしょう。組合はこうした先生たちに支えられているのだなあと思いました。ポケットティッシュケースは今も大切に使っています。

定年退職後は都の再任用・非常勤部として5年間活動しました。いくつになっても勉強です。みんなのアンケートをまとめて要求にしていきます。権利を知らせ、待遇改善を進める活動は、組合だからこそできるものです。

「一人はみんなのためにみんなは一人のために」です。

また、この5年間は、全教の「教育のつどい」（みんなで21世紀の未来をひらく教育のつどい教育研究全国集会）でジェンダー平等分科会の司会を担当した時期でもありました。ほとんど何も知らない自分がいることに気づかされました。研究者やレポーター、参加者の方々から学ぶことばかりでした。

研究者のお話は忘れられないものでした。

「先生のお話をもっと前に聞いていたら…」

そう話されたのは講師を招いた高校の校長先生でした。かつての教え子に、女性であるにもかかわらずスカートをはかずにズボンで通した子がいたそうです。良かれと思って、もう少し身なりに気を付けた方がよいと指導をしてきたそうです。卒業してからしばらくして、振袖姿で高校を訪れたということでした。

「それでいいんだよ。きれいだよ」

と励ましたつもりが、その翌朝に、教え子は自死をしたそうです。

なぜあの子の気持ちを理解できなかったのか、教師として、もっと早く性の多様性を学んでいたら、死なせずに済んだということでした。教育の現場にいるものが知らなかったでは済まされない。校長先生の悲痛な思いが伝わってきました。

体の性と心の性が同じでないことで苦しい思いをしている子どもたちは身近にたくさんいること、性は男と女の二者択一ではなく、もっと多様でグラデーションであること、互いの違いを認め合って生きられる社会を作ること、それらこそ大切なことを教えていただきました。「教育のつどい」には、日本の民主教育の英知が詰まっています。

2006年に教育の憲法ともいわれる大切な教育基本法が変えられたときには、まさか、こんなことが起きるとはと信じられない思いがしました。権力の横暴に対して常に声を上げていかなければならないと思った瞬間でした。

教育は国家のためにあるのではなく、一人ひとりの国民のためにあります。大学で学んだことは今も現在進行形で試されています。教師は社会や政治に無頓着ではいけません。一人ひとりの力を集めて声をあげることができる組合の存在を頼もしく思います。

1章

子どもって、そして教育って素晴らしい

力を合わせ心をみがく

年が明けた1月、3年に進級するまでのカウントダウンをクラス全員で分担して、日めくりカレンダーをつくりました。

毎朝みんなで日めくりカレンダーのメッセージを読み上げます。

「今まで僕たちの心を磨いてくれて、ありがとう」。この日は陸さんでした。

「いつも、そばにいてくれて、ありがとう」

これは直さんです。そして、次は雅さんです。

「みんな大好き。これからもずっと友だちだよ」

4月、担任として初めて出会った子どもたちは、エネルギーの塊でした。ケンカが絶えない。話がまとまらない。まっすぐ並べない。自信が持てない。大変でした。

いまは、みんなで力を合わせ、助け合い、相手を思いやることができるようになった。

そんな気持ちを〝心をみがく〟と表現したのでしょう。

日めくりカレンダーのことを通信で保護者のみなさんにお伝えすると、「私たち親も先生に心を磨いていただきました」とお返事をいただきました。全さんのお母様は「親こそが先生の教え子でした」と。

1年間の学習のまとめとして3月の終わりに、「進級を祝う会」（学習発表会）を学年の各クラスで開き、保護者のみなさんをご招待することにしました。

クラスの発表の一つに、2年生の最後の物語教材『スーホの白い馬』をみんなで読み合う群読と決めました。群読はむずかしく、クラス全員が心を合わせないとできません。

しかし、練習を重ねると子どもたちは気づいていきます。

「みんなで力を合わせるって楽しい」「心を合わせるって気持ちがいい」

「みんながいるからできるんだね」と言ったのは大さんでした。字を目で追うことが苦手でしたが、教科書の文章を指でなぞりながら取り組みました。それに友だちが根気よく付き合ってくれたのでした。

当日は大成功。親も教師もこみ上げてくるものを抑えることができませんでした。

子どもたちは未来を生きる人です。失敗を肥やしに前に向かって伸びていきます。そこに大人は励まされます。子どもたちは希望そのものであり、教育の主人公です。子どもたちに平和な未来を手渡したい、と強く思います。

新学期、また新しい出会いが待っています。

（2015・3・29）

教え子へ、子育て楽しんで

4月、勤務校が変わりました。大学を卒業したばかりの新卒教師として9年間お世話になった学校への転勤です。

保護者会の全体会には、小学校1年生から6年生までの保護者のみなさんに体育館にお集まりいただきます。そこで、教職員の紹介と学校の方針を説明します。会が終了してパイプいすを片づけていますと、

「先生、ご面会です」と呼び止められました。二人のお母さんが立っています。

「先生、覚えていますか」

と、にこにこしながら私を見ています。胸のネームプレートは結婚して姓が変わっているのでしょう。お顔を交互に見ながら、小さい頃の面影を探しました。

「飯田です」「小島です」。二人は、旧姓を言ってくれました。

「ああ、二人ともなんて立派なお母さんになって…。えらいわあ」

思わず手を握りました。初任の頃の教え子で、当時は小学校の1年生でした。昔の先生

を忘れずに声をかけてくれたのでした。教師は本当に幸せな仕事です。

◇

3月には前任校で悲しい別れがありました。卒業式が無事に終わり、子どもたちの巣立ちに涙したその日の午後に事故は起こりました。病院に駆けつけると即死とのことでした。青信号で横断しているにもかかわらず、左折のトラックにひかれたのです。あまりのことにお母さんと抱き合って泣きました。ほんの数時間前には、5年生として立派に卒業生を送り出していたのに。

翌日の事故を知らせる緊急の全校朝会では5年生が声をあげて泣きました。子どもたちも教師も突然の別れを受け入れられないでいました。

今、PTAが中心になって「事故現場の信号機を歩車分離にして下さい」の署名活動をしています。二度と同じことが起きないようにとの遺族の方の強い思いです。

残された者は命の重みをかみしめて前に向かって生きていかなければなりません。

子どもたちはそこにいるだけで大人を励まします。一人ひとりが強い輝きを放っていることに改めて気づかされています。

再会した教え子たちに伝えたのは、「子育てを楽しんでください」でした。

（2015・5・17）

前任校の運動会で

5月の末、前任校の運動会に出かけて行きました。

校門をくぐると、すぐに中学に進んだ教え子たちに声をかけられました。

「部活はどう？」「中学校は楽しい？」

私の質問に律儀に応える子どもたちがまぶしく、中学校で大事にされていることを感じます。

受付テントから、ＰＴＡの役員のお母さんたちが飛び出して出迎えてくれました。

「先生、来てくれたんですね」「会いたかったあ」

おやじの会のお父さんたちは揃いのＴシャツ姿でパトロールをしています。地域の方の運動会を見守る視線も温かいです。

「子どもたちの頑張りを見ると励まされる」と声をかけていただきました。

校庭では、子どもたちも先生たちも日焼けした顔で全力で動いています。

演技に邪魔にならないように応援席の子どもたちに声をかけると目線で答えてくれます。

成長したなあと嬉しくなります。

運動会を外側から見ると、学校はたくさんの方に支えられていることに改めて気づかされます。

◇

親子昼食の時、公さんとお母さんが面会に来てくれました。「あの時の写真ができました」と言って。

写真立ての中には3月修了式の放課後の私がいました。

子どもたちの絵とメッセージがびっしりと書き込まれた教室の黒板の前で、子どもたちからの「ありがとう」の文集と、お母さんたちからいただいた大きな花束を胸に抱いています。

A4判の『ありがとう』の文集にはステキなブルーの布のカバーがついています。一面に刺繍がほどこされています。

「文集カバーの刺繍は23日もかかったんだよ。何しろ『スイミー』だからね」と、後で息子さんに聞きました。

「スイミー」は子どもたちが大好きなお話です。2年生の国語の教科書に載っています。

素敵なプレゼントでした。

（2015・7・5）

がんばるって気持ちいい

「がんばるって、気持ちいい」

と、小太郎さんが教室に戻る途中につぶやきました。

額には、うっすらと汗をかいています。体操着の背中は、ぽかぽかです。

さっき生まれて初めて長縄を跳ぶことができたのです。

一緒に練習をしていたちいちゃんと百合ちゃんも、にっこりうなずきました。

一本の長縄をクラス全員で8の字に跳ぶ体育の学習があるのですが、三人はタイミングをうまく合わせることができないでいました。

この日は、体育の時間が終わっても、あと少しで跳べそうだから頑張ろうということで、延長の特訓をしたのでした。

ひっかかっても、ひっかかっても、挑戦し続けて、とうとう小太郎さんが跳べました。

「やったあ」

思わず、駆け寄って抱きしめました。周りで見ていた友だちはお祝いの拍手をしてくれました。

「何だかわからないけれど、跳べちゃった」

と、照れながらも、周りにいた一人ひとりとハイタッチをしました。

すると続けて、ちいちゃんも百合ちゃんも跳べました。また、みんなでハイタッチ。

やればできることを学んだ三人の笑顔は輝いていました。

◇

この日、もう一度、同じ笑顔を見ることができました。

放課後の算数教室です。

九九の暗誦がまだ確かではない五年生の二人は、真剣でした。

九九をつぶやきながら教室を行ったり来たりして何度も何度も挑戦しました。

九九は、2年生で学び習得させたい教材ですが、学びに遅いということはありません。

「できるようになりたい」「わかりたい」という思いこそ大切です。

二人はやり遂げました。

握手をかわした時の笑顔が素敵でした。自信がついたようです。


（2015・8・9）

給食を共にして見つけた姿

2年1組では、給食の食べ残しが、ほとんどありません。

この日は、鰯のかば焼きでした。甘辛いたれがたっぷりとかかって香ばしい匂いが教室いっぱいに広がりました。給食室の渾身の作です。

「先生、俊ちゃんが泣いています」

ごちそうさまの時間が近づいているのですが、魚の骨が気になってのどを通らないのでした。涙が嗚咽に変わりました。

「大丈夫だよ。小さい骨は食べられるんだよ。ご飯と一緒に食べるといいよ」

班のお友だちが優しく教えてくれました。初めて出合う食材に戸惑うことも経験です。

「一口食べるだけでいいよ。魚が俊ちゃんになるんだからね」と、私。

この日、魚は残りましたが、大丈夫です。だんだん食べられるようになりますから。

◇

学校の給食は、食べることを通して、子どもたちが自然に教えあい学びあいをしています。そして、食事の幅が広がります。

先日は、カレーライスでした。子どもたちの大好物の一つです。いつものとおり、日直が先生の分をつくり、席まで運んでくれました。

みんなで「いただきます」をして、何気なくお皿を持ち上げると、カレーのルーがお盆にべっとりとついていました。もちろんお皿の底にも。

「あらあ」と思わず声がもれました。

すると、すかさず隣に座っていたちいちゃんが、引き出しからティッシュペーパーを取り出して「使ってください」と言って渡してくれました。にっこりと優しい笑顔付きです。

普段は、小さな声で恥ずかしそうにしているのですが、頼りになります。授業だけでは知ることができない姿を、給食を共にすることで見つけることができました。


（2015・10・25）

福島に生きる人たちの声

待ち望んでいました。

『福島から伝えたいこと第三集』、福島県立高等学校教職員組合女性部作成の冊子です。第一集は、４年前の集会（全国女性教職員学習交流集会）のカンパで作られました。第三集も今年の10月の集会に合わせて発行されました。

冊子からは、高校の生徒や卒業生、教師、そして福島に生きる人たちの声が聞こえてきます。

震災と原発の事故から4年7か月たった今も、苦しんでいる福島の実態がよく分かります。

人が一人も歩いていない町、今も故郷に戻れない10万6０００人もの人々、日常にある放射能と健康の不安、海へ流れ続ける地下汚染水のことなど課題は山積みです。

福島をなかったことにはできません。

冊子の副題は、「希望は闘いの中に」とありました。

「卒業生が頼もしい。福島のために何をするべきかをしっかりと考えているの」

と、話す編集責任者の大貫さんの表情は優しい教師の顔でした。

これからも福島の今をしっかりと受け止めていきたいと思います。

◇

嬉しいメールが届きました。

育児休業後は教育の現場に戻ろうと準備を進めていたところ三人目の妊娠が分かったということでした。はじめは素直に喜べなかったけれど、今は赤ちゃんに会えることを楽しみにしているとのことでした。

教室の彼女は、どの子も大切にする素敵な教師です。早く現場に戻って仕事がしたいと意欲に燃えていたに違いありません。

学校では、きめ細かな指導ができる母親教師の役割は、とても大きいものです。

だからこそ今は、命に向き合い命を生み出す母親として、子育てを楽しみながら、たっぷりと充電してください。

命のバトンは続きます。

子ども達に平和で安全な社会を手渡したいと思います。


（2015・11・29）

退院の壮さん、待ってたよ

この日を待っていました。

教室の黒板いっぱいに「おかえりなさい」の文字とみんなの可愛いイラストでお迎えをしました。富士山の絵があるのはめでたい感じがするからだそうです。

「待ってたよ」「無理しないでね」「ゆっくり歩いてね」

みんなの優しい気づかいに照れている壮さんです。

「やっぱり学校っていいいな」

と、つぶやきが聞こえてきました。

◇

ひと月ぶりの彼は、少し大人びて見えます。股関節に水がたまってしまい、突然入院することが決まったのでした。一番驚いたのは、本人だったに違いありません。

教室に全員がそろって活気が出てきました。

今年は、学校の60周年のお祝いの年です。

壮さんが戻ってきてくれたので、２年生全員でお祝いの出し物の練習に取り組むことができます。

出し物は、群読《ぐんどく》「お祭り」です。北原白秋の詩をもとに、学校の様子を入れて周年行事をお祝いする作品に変えています。

群読は、学年の全員が力を合わせないとできないものです。一人ひとりの声は、個性豊かで楽器のように美しいものです。

人数の合わせ方次第で音色が変わります。表現も変わります。

この日は６時間目に練習がありました。２年生にとっては疲れが出てきて眠くなったりする魔の時間帯です。でも、みんな頑張りました。

終わりの礼をするとゆずちゃんが駆け寄ってきました。

「先生、楽しい。みんなで力を合わせるって楽しい。大きな声でそろうと気持ちいい」

上気した顔で、全身で話す姿がまぶしいです。

子どもたちの成長するエネルギーに力をもらっているのが教師です。

（２０１６・１・３）

いつまでも友だちだよ

先日、クラスでお別れ会をしました。まあちゃんが転校するのです。

思い出にみんなで楽しくゲームをしました。音楽専科の美香先生がキーボードを持って教室に駆けつけてくださいました。生演奏でお別れの歌を歌いました。歌詞が心にしみます。

♪いつまでも友だちだよ♪

最後は、お別れの言葉でした。

「みんなに会えて本当によかった。今までありがとう」

クラスの一人ひとりと握手をして回る時には、もうみんな号泣でした。さみしくなります。

別れを惜しんでたくさん泣いて、区切りをつけて、次に出発です。

◇

冬休みに入る前日の放課後、そっと声をかけられました。

「お世話になりました。今日でおしまいです」

シルバー交通安全誘導員の林さんです。

「5年間続けてこられたのは、子どもたちに元気をもらったからです」

と、静かに話されました。雨の日も風の日も雪の日も、子どもたちが安全に登下校できるように、横断歩道や交差点に立ち続けてくださいました。生活科の地域めぐりの時にもお世話になりました。

最後の日に、子どもたちに「さよなら」を言わずに学校を去ることはさみしいことではないでしょうか。勝手にそう思った私は、せめてものお礼にと深々と頭を下げました。

学校は様々な職種の方に支えられています。

美味しい給食を作ってくださる給食調理員さん、学校の施設を整備してくださる用務主事さん、警備員さん、子どもたちの放課後の生活を支えるキッズクラブの先生たち。今は、その業務を民間の方やシルバーの方がこなしています。

教職員の働き方も様々です。正規と非正規による違いがあります。しかし、子どもたちの教育に責任を持って働いていることに変わりはありません。

はたらく仲間として一人ひとりをもっと大切にできないものかと思います。

（2016・1・24）

今を生きる姿がまぶしい

「これから、がんばれそうです」

研修会を終えて、去り際にかけていただいた言葉です。表情が明るくなっていました。

「たくさん褒められて自信が出てきました」と続きました。

良かったです。ベテランの教師でも落ち込むことがあるのです。

私たち教師は、所属する地域で、月に一度各部会に分かれて研修会をおこないます。

この日は、多摩地区の公立小学校研究会に、講師としておじゃましていました。

教室の子どもたちに語るお話を研究テーマに学んできたものですから、お話の楽しさを届けに来てほしいということでした。

さっそく、実技をしました。即興でお話を作っていただき、発表会です。

毎回そうですが、どの教師も味があります。一人ひとりの個性が光るのです。

中でも印象的だったのがこの方でした。お話に心がこもっていました。参加者全員で大きな拍手を送りました。

共に子どもたちの前に立ち、未来を語る教師たちです。教師も仲間の学びあいで育つのです。

◇

先日、旧2年2組の同窓会にお呼ばれしました。

お母様たちが中心になって会をしつらえてくださったのでした。ほとんど全員の子どもたちが揃っていました。一人ひとりのメッセージが詰まった文集も用意して待っていてくださいました。

別れて1年もたっていないのに、みんな大きくなっていました。

「8センチ伸びたの」と優香さん。「今がんばっているのは算数」「バスケットボールクラブに入ったの」口ぐちに近況を話す子どもたち。

3年生の今はクラス替えで4つのクラスに分かれているはずですが、もうみんな元のクラスメートになっていました。

あっという間の2時間でした。

もうすぐ4年生ですね。今を懸命に生きているみんなの姿に立ち会えて幸せでした。これからも応援しています。ありがとうございました。


（2016・2・28）

成長発達を見届けて

3月は、学習のまとめと別れの月です。

その中でも「6年生を送る会」は、毎年繰り返される大切な行事です。卒業していくお兄さんお姉さんを見つめて、静かに会がすすんでいきます。誰もが集中しています。

4年生が作る花のアーチを、1年生にエスコートされて体育館に入場する6年生。ステージのひな壇に座って、在校生に対面する表情は穏やかで優しく自信にみちています。

周りの装飾は学校の月ごとの行事の絵です。1年生から5年生までの各クラスで分担して作成したものです。

いよいよ出し物です。

6年生に感謝の気持ちを伝えるためにどの学年も力が入っています。1年生から5年生まで順番に見ることで、6年生は自分の成長をたどることができます。

そして、6年生の返礼の出し物です。

素晴らしい歌と合奏に会場にいる誰もが圧倒されました。担任は涙ぐんでいます。

最後は、校旗を手渡すセレモニーです。

「学校をよろしくお願いします」

そう言われて代表委員の6年生から受け取る5年生の表情がひきしまって見えました。

◇

この日を境に6年生は、卒業に向かって本格的に歩みだします。

学校の中心は5年生になります。

よろしく頼みますね。

今年度初めて教壇に立った香織先生にそっと感想を聞きました。瞳がうるんでいました。

「感動しました」とひと言。

教師として初めて立ち会った「6年生を送る会」から学んだことは大きいと思います。

小学校は6年間を通して、子どもたちの成長発達を保障していくところです。

こうして見届けることは教師としての責任でもあります。

誠実を胸に刻む時間です。

これからも一緒に子ども達に寄りそっていきましょう。


（2016・3・27）

共に手をつないで

赴任した学校の校門には、大きな一本の山桜があります。真っ白な花びらを満開にして出迎えてくれました。

4月、また新しい出会いが始まりました。個性あふれる4年生たちです。

1週間後は保護者会でした。

クラスのほとんどの親御さんがおいでくださいました。お父さんも何人かいらっしゃいます。みなさん、職場を休んで駆けつけてくださっています。

真剣に話を聞いてくださる姿からわが子に寄せる熱い思いが伝わってきます。

学年全体会での私の分担は、〝4年生の心と体について〟でした。

「10歳は成長の節目で大切な時期です。〝つなしの年〟とも言うのですよ」

と言うと何人ものお母さんたちが、「はて?」という顔をされましたので、続けて。

「一つ、二つ、三つ・・・九つ、とお。十で、〝つ〟がなくなるでしょう」

「ああ、そうなんだあ。知らなかった」

と、声に出して反応してくださったお母さんがいました。

すかさず、その方にエールを送りました。

◇

「一生懸命なお母さんはいい子育てをしています。お子さんは幸せですね」

恥ずかしそうにしているお母さんを囲んで優しい時間が過ぎていきました。

お父さんお母さん、子どもたちのために共に手をつないでいきましょう。これから一年間どうぞよろしくお願いします。

休日、自宅へ帰るバスの中で声をかけられました。満面の笑みです。

「井上先生ですか？」

「わたしたち、今5年生です。2年生の時に隣のクラスにいました」

前の前の学校の子どもたちでした。

よく覚えていてくれました。ありがとうございます。

いつまでもつながりが持てる教師は本当に幸せな仕事です。


（2016・5・1&8）

学校っていいね

2階にある職員室のベランダからは、校庭を駆け回る子どもたちがよく見えます。

この4月、大学を卒業して初めて教壇に立った先生とふたりで見ていました。

「学校っていいいね。子どもたちの笑い声が響いて」

さわやかな風を感じて、ふとついてでた言葉でした。次は、はっきりと伝えました。

「学校は希望です。夢を語りたい。だから、先生の言葉で子どもたちにたくさんメッセージを届けてください」

彼は、きれいなまなざしでうなずいてくれました。

◇

「やっぱり学校っていいいわあ」

この春、離任式においでになった先生が、職員室に入ってつぶやいた言葉です。お体の具合で教育の現場から離れられた方でした。

同じ会話をつい先ほどしていたのでドキッとしました。

職員室の廊下には、卒業した中学生たちが次々と詰めかけてきました。その中に一人、若い女性がいました。大学生でした。インターネットで学校の掲示板を見て、離任式のこの日なら会えると思い、訪ねてきたそうです。

「教えていただいた先生のようになりたい」

と今、教職を目指しているとのことです。

「病気に負けるな」

と書いた手紙を渡したのは、手を焼かせた男子生徒です。

思いがけない連続に、教師の幸せをかみしめることができた、と夜の歓送迎会で話されました。

「また教育の現場に戻ってきたい。それが夢です」とも。

先生、必ず戻ってきてください。待っています。

一週間後、私も前任校の離任式に、たった一年間でしたが、お呼ばれしました。体育館で子どもたちに向き合ったときには、涙があふれてきて困りました。お母さんたちも会いに来てくださいました。職員室の先生たちからは心のこもった色紙をいただきました。

みなさんに出会えたことに感謝です。


（2016・6・12）

失敗を勉強にして

校舎の一番はじにあるビオトープは子どもたちのお気に入りの場所です。自然に近い状態の生き物を観察するために作られたもので、今は、卵からかえったオタマジャクシが、足を生やして小さなカエルに成長しているところでした。

その大切なビオトープの池の水があふれて流れ出ているというので駆け付けてみると、傍で冴子さんがずぶぬれになってうなだれていました。

池の脇の水道の蛇口が逆さになっていました。水道の水は止まっていました。友だちと遊んで、取っ手のない蛇口を回していたら、根元が緩んで水が勢いよく飛び出てきたということでした。

何とか水を止めようとしたけれど手に負えなくて困ったのでしょう。大好きな生き物が流れていくのを見るのも辛かったはずです。自分から放課後のクラブの先生を呼びに行って処理してもらったのでした。

一緒に遊んでいた友だちの姿はありませんでした。後から駆けつけた管理職が大きな声で叱責しています。

◇

「その場から逃げださないで正直に伝えたんだね。それはすごいことなんだよ」

私は、彼女の濡れた頭をなでながら小さな声で伝えました。こわばっていた肩が小さく揺れて涙がこぼれ落ちました。

翌日、お母さんと話す機会がありました。公開授業で学校においでになっていました。

「頭は悪くても嘘だけはつくなと教えています。失敗して勉強してくれればいいと思っています」

昨晩は娘さんと共に校長室に謝罪にきたそうです。お隣のクラスのお母さんですが、素敵な子育てをされているなあと感心しました。

子どもたちは発展途上人です。日々が学びです。少しばかりの失敗を肥やしに大きくなっていく存在です。逃げ出した子も含めて共に成長できるように応援していきたいと思いました。

（2016・7・10）

学校は羅針盤でありたい

突然の電話でした。

「先生、覚えていますか」

卒業して10年、何の音沙汰もなかった柳君です。

「一番良い席を用意しています。結婚式に来てください」
5、6年生の頃のやんちゃな顔が浮かびました。
「今の俺があるのは先生のおかげです」と続きました。

結婚式の当日は、新郎新婦に正対する一番良い席に案内されました。

「親も招待されたんです。すべて自分たちでやってくれました」とお母さん。

新郎の立派な姿に感激して涙が止まらなくなってしまいました。

メインテーブルには教え子たち、男ばかりがずらりと私を囲むように並んでいました。

「井上先生も年を取ったなあ。よく泣くのは昔と変わらないけどさ」

「ずいぶん怒られたっけなあ、俺たち悪かったから」

「あの日の先生の授業は伝説になっているんですよ」

はて？

記憶を探ると思い当たりました。『暴力について』の授業かしら。

「あの時は分からなかったことが、今になって分かります」

リーダー格の矢っちゃんです。

どの子もこれまでの10年間には、さまざまなドラマがあったことでしょうに。立派になった青年たちが、あっという間に小学生時代に戻ったようです。

おまけに若者たちの二次会にまで連れていかれました。

教師は幸せな仕事だなあと、しみじみ思えた出来事でした。

◇

「会の一時間前ですが、来ていただけますか」

世話人役の愛ちゃんからの連絡で約束の場所に行きました。

「先生、お久しぶりです」

体の大きな男性が待っていました。バリッとした身なりの立派な青年です。よく見ると吉井君ではありませんか。

「成長した自分を見てほしくて会いに来ました。母親が先生に見てもらえと言って、送り出されました」

今は実家の用品店の二号店の店長として責任があること。店員さんを抱えているので飲んでいるわけにはいかないことなどを話してくれました。

「暴れん坊で手を焼かせた俺ですが、がんばっています」

思わず手を握りしめました。

あっという間の時間でしたが、胸が熱くなりました。

立派になって…。

◇

居酒屋の会場に教え子たちが揃いました。

私の定年退職を祝うために集まってくれたのでした。

卒業して14年後ですからみんな26歳です。仕事をやりくりするのは大変だったことでしょう。

世話人の愛ちゃんは名古屋の小学校教師です。

「井上先生に教えられたとおりに教室でやっています」

「私も高校で、同じです」

わお！　ここにも教師がいました。

「俺だな、先生に一番怒られたのは」

「いやいや、俺でしょう」

久しぶりなのにあっという間に〝小学校の教室〟になっていました。

遅れても駆けつけてくれたのは翔さんです。

「吉井だけじゃないよ。俺も成長した自分を見てほしい」

鳶の棟梁として真剣勝負をしていることを話してくれました。

一人ひとりの今を聞きながら教師としての幸せをかみしめていました。

最後に記念のペンダントを贈られました。リングには『イノセン with 6-1』と刻まれてありました。

◇

どの学校の子どもたちも求めるものは一緒です。

学校は子どもたちの羅針盤でありたい、と思います。

未来を生きていくために大切なものは何か？　を考えるところなのですから。

実力競争や数値目標達成などで、結果をすぐに求めるのは違うと思います。

10年後、20年後に、子どもたち一人ひとりが自分で作り上げるものではないでしょうか。

そして、教師は子どもたちに励まされています。


（2016・8・14&21）

学び合いが力に

5時間目の始まりのチャイムが鳴っています。

真っ赤な顔で涙いっぱいの升君が職員室に入ってきました。

「いつも僕だけにやってくるんだ」

隣のクラスの友だちに対して全身で怒っています。近くのソファーに座ってからも涙が盛り上がってこぼれてきます。

「訳を教えてくれる?」

私が差し出した白い紙に向き合って数分後、意外なほどきれいな字で書いてくれました。

昼休みにケンカをして教室に戻ると、自分の椅子がひっくり返されていたということでした。

「嫌な思いをしたね」

と声をかけると、

「あやまってもらいたい」

とぽつんと言いました。

少し落ち着いてきたので授業に戻りました。

放課後には、お互いの言い分を聞こうと思っていましたが、いつの間にか仲直りをしていました。さっきまで泣いていたのが嘘のように笑顔がはじけていました。子どもたち同士で解決する力がついてきたようです。

子どもたちにとってケンカは大切な学びの場です。感情をむき出しにして本気でぶつかることで相手を知る。友だちとの折り合いかたを学ぶのです。

翌日、委員会の仕事を頑張っている升君を見かけました。

「立派だわ。ご苦労様」

と声をかけると、びっくりして恥ずかしそうにしていましたが、くるっと回れ右をしてスキップをしながら教室に帰っていきました。

学校では、鼓笛隊の譲渡式がありました。中心となっていた6年生が5年生へと引き継ぎ、卒業までの日々を次の担い手になる4年生に技を教えていくのです。マンツーマンで教えてもらうので4年生も神妙です。教える6年生は自信に満ちて見えます。子どもたちの学び合いが学校の伝統をつくり、自主的に問題を解決する力を育んでいきます。

（2016・11・6）

4の1を変えたい

ガッシャーン
突然の音に教室が静まり返りました。給食の時間でした。

お代わりの量が少ないと言って、健太さんが小皿を床に投げつけたのでした。

周りに破片が飛び散りました。幸い誰にもけがはありませんでしたが、本人の怒りは収まる様子がありません。

新人の教師の支援のために教室に入っていた私は、指導別室に連れて行くように担任の亮先生に促しました。

5時間目が始まるので、今度は、私が代わって健太さんの心のわだかまりに向き合うことにしました。何とか6時間目に教室に戻ることができました。

すると、クラスの加奈さんが、「井上先生、5時間目にいいことが二つあったの」と、教えてくれました。

「えっ、なあに」

あけみさんが実況中継をしてくれました。

5時間目の始まりのチャイムが鳴ると、亮先生が来るのをクラス全員で良い姿勢で静かに待っていたそうです。

亮先生は、「あれ、教室を間違えたかな」と言ってクラス表示を見に行ったそうです。

「こんなに良い姿勢で黙って座っているなんて初めてだね」と亮先生が褒めて、「みんな、こっちへ集まっておいで」と言ったので、ワーッと先生のところに行ったということでした。私は思わず聞き返しました。

「亮先生、泣いた？」

「ううん、泣かなかった」

何だか私の方が、鼻がツウンとして目が赤くなってしまいました。苦労が報われるときが来るのだなあ、と思いました。

有希さんが日記に書いてくれました。

「先生たちはいつも優しく言って聞かせるのに、そのたびに私たちは裏切って。でも、先生たちは、あきらめないでまた優しく接してくれるので嬉しいです。4の1を変えたいです」

教師は幸せな仕事です。

（2016・11・20）

学芸会はいいもの

前任校の学芸会に行ってきました。

体育館が劇場になっています。

四方の窓には暗幕が張られ、スポットライトが注がれている舞台が華やかです。

劇の途中で、出番を終えて舞台袖からおりてきた太郎さんと目が合いました。

（あっ、先生！）

そんな表情で軽く頭をさげて、静かにまた持ち場に移動していきました。劇を成功させようと集中しているのがよく分かります。衣装も小道具もよく似合っています。町のお店屋さんの役です。

音響の仕事に真剣に取り組んでいる和樹さんを見つけました。担任の先生が寄りそっています。

演技に合わせて曲や効果音をタイミングよく出す仕事はとても緊張します。上手にできました。よかった。

エンディングは学年の全員が舞台に勢ぞろいしました。たくさんの拍手に胸を張ってこたえている姿が素敵でした。

たくさん練習をした結果です。よく頑張りました。小学生時代の大切な宝物がまた一つふえましたね。

最後は6年生の劇でした。

さすがでした。セリフも歌も踊りも場面転換も完璧でした。が、ハプニングが起きました。タイミングよくポーズをとったところで劇が止まりました。少したってから舞台が暗くなりました。照明係の機転です。

舞台に立っている5人にはとても長い時間だったはずです。やっと流れた曲に合わせて、何事もなかったように歌い踊りました。

素晴らしい！

裏方の仲間を信頼している証拠です。胸が熱くなりました。

来賓席には地域の敬老会や町内会の方がたくさんお見えになっていました。帰り際に「一生懸命な演技に涙が出ました」「良いものを見せていただきました」と、声をかけられました。

学芸会はいいものです。


（2017・1・1&8）

掛け算九九、がんばろうね

「先生、聞いてください」

教室の廊下で呼び止められました。かわいい声です。

昼休みになったので、普段は1階にいる2年生が2階に上がってきたのです。二人とも手にかけ算九九チャレンジカードを持っています。

ああ、今年も九九暗誦の季節がめぐってきたのだなあ。

「二の段の上りと下りをお願いします」

まっすぐな瞳に思わず引き込まれます。

上りは、にいちが二～にく十八までを順序よく唱えることです。下りは反対に、にく十八～にいちが二までを唱えます。二人とも上手にできました。

それぞれの頭をなでて、合格サインを記入しました。カードには既に、担任以外の先生のサインがたくさん残っていました。

「ありがとうございました」

二人とも元気に挨拶して、また次に進んでいきました。

後ろ姿を見送ると、廊下の先で、三人の先生が2年生に囲まれていました。

今度は男子に声をかけられました。

「九の段のバラをお願いします」「あらあ、難しいのに挑戦ですね」「かんたんだよ」

得意になって答える表情がなんともかわいらしい。

バラは、文字どおり九の段を順番を入れ替えて唱えることです。

唱えに誤りがありました。

「はい、もう一度」「あっ」と言いながら訂正していきます。何度も繰り返し唱えて合格です。サインをもらうと満面の笑みで帰っていきました。

◇

どの子も2年生でしっかり押さえたいのがかけ算九九です。

担任だけでなく、校内のたくさんの先生方が応援して取り組む九九の習熟活動は、これからも続きます。

できるようになりたい。しっかり覚えたい。と、身体ごと飛び込んでくる子どもたちに元気をもらっているのが教師たちです。

次の学年まで残り少なくなってきました。頑張ろうね。


（2017・2・12）

先生、泣くのはまだ早い

「先生きてください。大変です」

りささんが呼びに来ました。

5時間目が始まっているので何事かと思い駆けつけると、多目的ホールのドアが閉まっています。

「わたしが開けるわけにはいかないので」と、りささん。

はて？　と思いながら、そーと開けると、クラスの全員が笑顔でこちらを見ています。

二列で作った花道と、正面のメンバーが持つ文字カードが目に飛び込んできました。

『井上先生、お誕生日おめでとうございます』

全く予想もしていなかった展開に立ち尽くしてしまいました。

「先生、前に進んでください。紙吹雪をかけるので」

と声をかけられ、思わず、担任の亮先生に目線を送りました。

「すみません。初めて嘘をつきました」と、こちらも笑顔です。

涙が止まらくなってきました。

「先生、泣くのはまだ早いです」

そう言ったのは香苗さんでした。クラスの劇団ゴールドの女優さんでもあります。

出し物が始まりました。なんと、テーマは「ルールのある生活」でした。学校中で一番大変な学年と言われながらも、ここまでよく成長したと思うと、笑いながらも泣けてきました。

教室に戻ると、子どもたち一人ひとりのビデオメッセージやクラスの思い出集をプレゼントされました。ゲームも自分たちで上手に進行できました。

いつの間に用意していたのでしょうか。気づきませんでした。

子どもたちも口が堅い。

翌日、佐奈さんのお母さまからお手紙をいただきました。

「教師というお仕事は苦労も多いと思いますが素晴らしいお仕事ですね」と。

入学してから今までクラスで楽しい企画を経験したことがなかったそうです。

今回、会を成功に導いたのは子どもたちの心をつかんだ亮先生の頑張りがあったからです。

最高の思い出になりました。


（2017・3・19）

瞳が輝く授業がしたい

この日は、他の区に学習会の講師としてお呼ばれしていました。

題名は「学んで実践！明日から役立つ学級作り」です。

夕方の6時15分からの開催ですから、学校現場から駆けつけるのは大変なことです。

参加する先生方は山のような仕事をわきに置いてきますので、学ぶ意欲が高くなければできないことです。

主催者は軽食を用意して待っていてくださいました。さすがです。買いに行く少しの時間も惜しいですから。

終了予定時刻が40分もオーバーしてしまいました。それでも質問に来られる先生方がいました。場所を変えて話し込むことにしました。

「学校にいるだけでは自分は駄目になってしまうと思って来た」

と話されたのは、会の終了間際に駆けつけた方でした。

講師を5年経験して今年度やっと念願の教師になったそうです。それでもこの頃はやめたいと思うと言います。

「私も同じです」

と、続けたのは教職10年目くらいの女性教師です。

「前の区では、ある程度、教師としての裁量がありました。今は細かく管理されて息が詰まる」と言います。

二人とも、遅い時は午後の10時11時、早い時で7時8時まで学校にいるとのこと。

毎日が、ただ黙々と上から言われたことをこなすだけでいいのか。

もっと子どもたちにゆっくり向き合いたい。

瞳が輝く楽しい授業がしたい。

そのために教育実践の力をつけたい。自由に教材研究がしたい。

二人の強い思いに触れて嬉しくなってきました。

一歩外に出ると、学校の在り方を見つめなおすことができます。

長時間過密労働と管理の学校現場の中で踏ん張っている先生を応援している人がたくさんいることをお伝えしました。

共に進みましょう。

少しはお役に立てたかしら。


（2017・4・8）

寄り添う優しさ

今年度は新人の先生と共に2年生の担任になりました。

放課後のことです。教室の黒板をきれいにしている1年生の先生に志穂さんが声をかけました。

「先生、今日は日直だったの？」

たいへんね、という気持ちを志穂さんは伝えたかったのでしょう。

昼休み、校庭で遊んでいるときです。耕さんが学校に入ってくる先生を見つけて声をかけました。

「先生、ちょっと遅刻しちゃったの？」

声をかけられた先生は時間講師で二つの学校で教えています。この日は午後の出勤でした。「ちょっと」という言葉に耕さんの気づかいと優しさがにじんでいました。

算数の時間、私は黒板に書いてある計算問題の数字が違っていることに答え合わせで気づきました。先生が「間違えました」と言ったときです。「ドンマイ」って、すぐに声をかけてくれたのは空さんです。

子どもたちの心は素直で敏感です。人に寄り添う優しさに大人はハッとさせられます。

◇

4月25日、火曜日、朝の職員打ち合わせのことでした。

「本日午前中、北朝鮮の弾道ミサイル発射予定。学校で着弾時の避難指導をするように。窓ガラスから離れて身を守るように指導してください」

教育委員会から送られてきたメールを副校長が読み上げました。「北朝鮮やミサイルという言葉で子どもたちを怖がらせることがないように」と学校長の補足もありました。

「は？」

先生たちは無言です。

質問をしました。どの時点で指導しろ、というのか。

「ミサイルが発射されたときです」とのことでした。

「政治の問題をそのまま教育現場に持ち込まれても。外交でしっかりとやってもらいたいわよね」と、後から同僚に声をかけられました。

子どもたちに手渡したいものは、不安や怒りではなく、優しさ、夢、希望です。

（2017・6・4）

卒園生を見守る

教室のベランダのミニトマトが大きくなってきました。

毎朝、自分の鉢に水をあげて観察します。お休みの友だちがいるとみんなで少しずつお水のおすそ分けをします。

「あんなに小さな種だったのに、大きくなったねえ」

大人びた言い方が何ともかわいらしい。

「これから、もっと大きくなりますよ」と私。

「まびきをしたからだよ」

と、隼人さんがみんなに教えてくれました。

「狭いところにたくさん生えていると大きくなれないからね」

そのとおりです。先生のお話をよく聞いていましたね。

「はやくミニトマトができるといいな」

2年生の畑では、茄子にピーマン、きゅうり、サツマイモが育っています。

雑草を取るのが苦手だった人も、今では手が土だらけになっても平気になってきました。

先日、学校に校区の幼稚園や保育園の先生方がお見えになりました。1年生から6年生までの異学年交流活動の参観です。

「耕君、大きくなったね」

声をかけられた中学年の男子が恥ずかしそうにしています。

近くにいた私は、声をかけてくださった先生と目が合いました。

「幼稚園の時に担任をしていました。大きくなって。嬉しくなって思わず声をかけました」

優しい笑顔です。

保育園の先生ともお話をしました。

「実君だけ、みつけられませんでした」

「実さんは眼鏡をかけるようになったんですか？　だから分からなかったのですね」

「律さんは落ち着いてきましたね」

遠くから卒園生の様子を見守ってくださっていました。

子どもたちの成長を支えるために、これからもどうぞよろしくお願いします。

（2017・7・23）

寄り添う教育

9月初めの週休日でした。8月25日から学校が始まって、やっと迎えた週休日です。

夏の疲れが抜けきらない。

そんな日の地元の教育研究集会のことです。

「学ぶって楽しい」

「分からないことを丁寧に教えてもらって、うれしかった」

「算数の教材を作ったの。子どもたちの驚く顔が浮かんでくるわ」

「こんなに近いところで勉強できるなんて、今まで知らなかった」

初めて参加した先生もおいででした。

土曜日の昼、お弁当をつつきながらのおしゃべりです。午後からまた学習が再開されます。

「やっぱり来てよかったあ」

先生たちも子どもたちと同じです。学ぶ喜びは一緒です。

子どもたち一人ひとりに分かる授業がしたい。どの子も瞳を輝かせる発見のある授業がしたい。と、熱い思いが伝わってきます。

この日は、若い教師からベテランまで65人が駆けつけ、学び合いました。

お世話をしてくださった組合の先生方に感謝です。

◇

8月の中旬には、「教育のつどい2017」がありました。

正式名称は「みんなで21世紀の未来をひらく教育のつどい　教育研究全国集会」です。

保護者や市民、教職員、延べ5000人が集まりました。

学校や地域の様々な取り組みに励まされ、子どもたち一人ひとりを大切にする報告に胸がいっぱいになりました。

夏の暑い3日間は、あっという間に過ぎました。

職場では文科省の道徳副読本を夏休みに家に持ち帰って親子で話し合う宿題が出されました。教育委員会からの指導です。

「こんなことで道徳の力がつくのでしょうか」

若い先生の素直な感性にホッとします。目の前の子どもたちに寄り添い、大切にする教育をすすめていきたいと思います。


（2017・10・8）

よい文化は心の栄養に

学校の体育館が劇場に変わりました。体育館の床の半分がステージになっています。この日は、子どもたちが楽しみに待っていた演劇鑑賞教室です。保護者も交えて全校の子どもたちが鑑賞します。

各クラスが一列になって入場してきました。

「わあ！」「すごーい！」

思わずこぼれるつぶやきです。

高い天井から吊るされている大きな布には、険しい山々が描かれています。初めて目にする劇場用の背景には本物の迫力があります。プロの技です。

手を伸ばせば、すぐそこに俳優さんの体があるのですが、そこは別世界です。子どもたちはあっという間にお話の世界に飛び込んでいきます。

躍動し体育館全体を走り回る姿、美しい衣装や歌声、一人で何役もこなす俳優さん、素早い場面転換、見たこともない珍しい楽器の数々、踊りながら奏でる楽器の音色、一つひとつが本物です。

子どもたちから自然に飛び出す掛け声や笑い、拍手で劇は盛り上がります。

◇

「先生、最後にわたし泣いちゃった」

教室に戻ると朋ちゃんが駆け寄ってきました。まだ瞳が濡れています。

「劇団の人に手紙を書いたから、先生届けてね」

さっそく三人から手紙を預かりました。すごいです！　いつの間に書いたのでしょう。

いつもの授業態度とは別人のようです。手紙から子どもたちの感動が伝わってきます。

他の学校では学力をつけるために授業時間を確保するという理由で、こうした文化的な行事をなくしてしまっています。

子どもたちを競争に追い立て、内面の感性を育てることを置き去りにしてよいものでしょうか。

年に一度ですが、本物の劇を子どもたちに届けることができました。

良い文化は心の栄養になります。

どの子も心豊かに育ってほしいと願わずにはいられません。


（2017・10・29）

見守り待つ姿勢

給食の後は歯磨きの時間です。洗面所の大きな鏡に、1年生が4人並んで映っています。

みんな前歯が抜けていますが、真っ白いきれいな歯です。一生懸命に歯磨きをしている姿が何ともかわいらしい。未来を生きる人たちです。

思わず笑いかけました。

「私はね、昨日、抜けたの」

「私はもっと前。次の歯が出てきたよ」

「これから、歯がどんどん生えそろって、みんな大きくなっていくんだね」と私。

おや、見覚えのある女の子がいます。

「元気?」と声をかけると
「うん」と、にっこりうなずいてくれました。

昨日の朝、校門で泣いていた子です。

お母さんの自転車の荷台に乗せられて登校してきたのでした。

黄色い帽子が荷台で揺れています。なかなか自転車から降りようとしないので、声を掛けました。

なんとか降りましたが、お母さんから離れようとしません。一年生がどんどん登校してきます。何人かのお友だちに頼んで一緒に玄関まで連れて行ってもらいました。

すると今度は、ひとり玄関口に残って、「お母さーん」と、泣きながら手を振り続けました。

お母さんも校門から手を振り続けます。

どれくらいの時間だったでしょうか。私には長く感じられました。校門を閉める時刻は過ぎていました。

やがて彼女は校舎に入っていきました。心の整理がついたのでしょう。お母さんも帰っていきました。よかったあ。

それにしても立派なお母さんです。わが子が自分で折り合いをつけるまで待ち続けたのですから。だから、彼女は学校で頑張れるのだなあ。

子どもに寄り添い、見守りながら待つ姿勢は、教師として持ち続けなければならない大切なことです。

私の学びになりました。ありがとうございました。


(2017・12・17)

成長と大人の責任

「先生、今日あそべる？」

恥ずかしがり屋の圭さんに初めて誘われました。

圭さんは、少し小首をかしげて遠慮がちにお話します。

誘われるというのはいくつになっても嬉しいものです。

20分休みは打ち合わせで校庭に行かれませんでした。すると、昼休みにまた誘ってくれました。今度こそという感じです。

遅れて校庭に出ると、圭さんがいました。サッカーボールを追って元気いっぱいに駆けていました。いつの間にたくましくなったのでしょう。クラスで一番背が低いのですが、みんなに負けていません。

私を見つけると駆け寄ってきました。

「先生、同じチームになろう」

「大人が入ったらずるいから、応援してみているね」と私。

すぐに納得してチームに戻っていきました。

子どもたちと駆け回る力は私にはありませんが、目で追いかけることはできます。子どもたちの元気な姿を見ているだけで幸せな気持ちになりました。

思わず校庭の空を見上げました。明るい青い空でした。

この空が安全安心でないとしたら…。考えただけでぞっとします。沖縄の空を思いました。

あっという間に、昼休みの終わりのチャイムが鳴りました。

職員室に戻ろうと歩き出した私に向かって圭さんが大きな声をかけてくれました。「先生、来てくれてありがとう」

思ってもみなかったひと言に胸がいっぱいになりました。

こちらこそ誘ってくれてありがとう。

子どもたちに育てられているのが教師です。

子どもたちは遊びの中で、人とのつながり方を学んでいきます。そして、遊びの技術や知恵をみがいていきます。子どもたちにとって遊びは権利です。

子どもたちが安心して成長発達できるように条件を整えるのは大人の責任です。

当たり前の安全安心な空を沖縄に取り戻したい。


（2018・1・21）

根気よく丁寧に

小学2年生の生活科の「冬のフェスティバル」は、むかし遊びです。

一つ下の1年生を招待して、むかし遊びを伝えます。

1年生との兄弟学級活動はこれが最後になります。

4月は「学校たんけん」でした。

入学したての1年生の手をとって、優しく案内していた姿を思い出します。1時間ほどのお世話でしたが、終わるとぐったりしていました。何しろ1階から4階まで案内するのは疲れるものです。

秋は「合同遠足」でした。

電車での移動でしたから、さぞかし緊張したことでしょう。歩道を歩く時も内側に1年生を置いて車や自転車に気を配っていましたね。ありがとう。

今度は技を伝えなければなりませんから、2年生も必死です。

羽根つき、メンコ、こま、けん玉、福笑い、あやとり、お手玉、おはじき、かるた、ゴムとびと、10のコーナーを作り。どの技もできるように、事前に練習しました。

コマを回しているときです。

「先生、コマは優しく置くんだよ」

上手にできない私にアドバイスをしてくれたのは勝さんです。

「見てて、置いて引くんだよ」

何度も何度もやって見せてくれました。

今度は、瑠偉さんがやってきました。

「ひもはね、こうやって優しく巻くといいよ」

二人とも根気よく教えてくれました。

(私は、授業でこんなに優しく丁寧に教えていただろうか)

私の振り返りになりました。子どもたちから学ぶことが多いです。

むかし遊びの当日は、学校公開でした。たくさんの保護者の方がおいでになって子どもたちと遊んでくださいました。はじめの会や終わりの会のセレモニーも成功させて、また一つ子どもたちの自信になりました。

みんな、よく頑張りましたね。

2年生としての日々が残り少なくなりました。

(2018・2・18)

子育てを楽しんで

久しぶりに姪たちに会いました。もう立派なお母さんになっていました。

法事が無事に終わり、居間でくつろいでいたときです。話題が学校のことになりました。

「校長先生がいつも怖い顔で怒ってばかりなの…」

隣にいる娘さんが小さくうなずきました。

「子どもたちに、学校が楽しくないと言われると辛い」

東京の小学校のことでした。

「そうなの。先生たちを見ていると誰も意見を言わなそうで、残念」

地方で子育てをしている姪も同じだと言います。見ていると分かるというのです。

お母さんたちは鋭いなあ。

銀座の公立小学校の制服のことも話題になりました。

わが子を大切に育てたい。学校は子どもの思いをしっかりと受け止めてほしい。そのためには協力を惜しまない。一方的に上から押さえつけられるのでは、本当の子どもの力が引き出されないのではないか。

そのとおりです。

教室では日々ドラマが起きています。小さな失敗を肥やしに成長していく子どもたちがいます。泣いて笑って喜んで、けんかをして学び合います。その一つひとつに立ち会える幸せを教師は感じているはずです。

学校の中には必ずいます。子どもたちに寄りそって頑張っている先生たちが。そうした先生たちを支え励ますことができるのが親たちです。

子どもたちの成長のために大切なことは親と教師が手をつないでいくことです。

「まずは、親のネットワークを大事にして、子どもたちのためにできることを考えてね」

こんな話が姪たちとできるなんて。

子育てを懸命にしている姪たちがまぶしく見えました。

お母さんたち、子育てを楽しんでくださいね。

（２０１８・４・22）

クラスの宝物

小学校では新年度、入学してきたピカピカの1年生が少し落ち着いた頃に「1年生を迎える会」を開きます。

全校児童で役割を分担して1年生を迎えます。司会は代表委員会の子どもたちです。

4年生は学校紹介の分担でした。1年間の学校行事を寸劇で紹介するそうです。

初めて出会った4年生がどこまでできるのか未知数でした。1クラス40人、行事を決めて分担するだけで1時間かかります。本番まで2回の練習しか取れませんでした。

「本番の朝、1度練習したい」と子どもたち。

すごい！　やる気ですね。

翌朝8時、集まったのは17人。クラスの半数もいません。あらあ！　大丈夫かしら。とにかく練習です。いない人の分は誰かが補って行いました。

いよいよ本番です。

「春！　全校遠足！」

チームのみんなの声が揃いました。全部で6チームある中でのトップバッターチームです。これから学校を出発する場面を演じます。

あれれ、並び順が違う。

今日お休みのふたりは、このチームだったのです。しかも、オチのあるセリフの担当でした。セリフは別の人がおこないました。全く違和感がありません。ハプニングに対応したばかりか、いきいきと演技してくれました。

さすが4年生。

夏、秋、冬と紹介して寸劇は大成功でした。1年生が1番よく笑ってくれました。

教室に戻ってからハプニングに対応した空さん、実さんにみんなで拍手を送りました。

行事の後は振り返りが大切です。

「自分は遅刻をしたのに誰も文句を言わないで、目でサインを送ってくれたのでうまくできた。みんなありがとう」

「本番が1番良かった。みんなで力をあわせたからだ」

意見が次々出ました。まっすぐな瞳です。

みんなで力を合わせてやり遂げるとクラスの宝物になることを話しました。この日初めて宝物を張り出しました。1年間どうぞよろしくお願いします。

（2018・5・20）

評価は応援でこそ

朝の更衣室でのことでした。

いつも教室に入って応援してくださる彩先生と二人きりになりました。子どもたちに優しく接してくださる先生です。

「今の先生は教科に道徳や英語が入ってきて大変です」と私。

「道徳をどうやって評価しろというのでしょうね」と続けました。すると思いがけない返事が返ってきました。

「道徳を教科にするなんてどう考えても良くないです。民主主義に反します」

きっぱりとした言い方でした。それには訳がありました。

知り合いのお子さんが今は中学生になっているのですが、いまだに授業で自分の感想を書けないというのです。自分の意見が人と違うことに気づいてしまったことが原因だとのこと。

え、それこそ素晴らしいことではありませんか。人と違う意見があるからこそ話し合いができて、クラスのみんなの考えが深まるのですから、良い学びになるのに。

話は続きました。

お子さんは小学生の途中までは、道徳の授業の感想文を書いていたそうです。しかし、毎回先生から赤でコメントが入ることで、自分の考えを正直に書けなくなったということでした。

何ということでしょう。

胸が苦しくなりました。その子に申し訳ない。

大人の私たちでさえ日々の暮らしの中で答えは一つではないことを学んでいます。それが道徳の時間の中で一つの価値観だけを押し付けられるとしたら、心が自由でなくなります。

道徳を特別な教科に格上げした今年度、小学校で評価がなされます。来年度は中学校でおこなわれますが、評価は子どもたちを縛るものではなく、むしろ応援メッセージを届けたいものです
目の前の子どもたちの良いところをたくさん見つけて、どの子も大切にする授業を作っていきたいです。教育の主人公は子どもたちですから。

彩先生、これからもよろしくお願いします。


（2018・6・24）

子どもと向き合うには

「子育てカフェ」に初めて参加しました。

小学校の教師として、お母さんたちに何か役に立つ話をしてほしいということでした。

日曜日の昼下がり、絶好の五月晴れで気持ちの良いお天気でした。緑の多い落ち着いた環境の公民館でのカフェには、10数人がお見えになりました。

子育ては10人いれば十通りです。子育てや孫育てのおしゃべりは尽きることがありません。若いお母さんの率直で誠実なお話がみんなの垣根を取り払ったように思いました。

今、学校で何が起きているのか、親としてわが子にできることは何だろうか、真剣に向き合うお母さんたちに出会うことができました。

初めてお会いする方ばかりでしたが、予定の2時間はあっという間に過ぎ、さらに延長して30分。おまけに別会場にまで移動しておしゃべりしました。

「先生、うちの子の話を聞いてあげてください」

会が終わってから、お母さんに声をかけられました。そういえば、一人だけお子さんの参加がありました。ずっと静かにすわっていた彼女は小学校2年生でした。教室の友だちとどう付き合ったらいいのかという相談でした。

その時の状況や自分の気持ちを分かりやすく丁寧に伝えてくれました。しっかりしています。感心しました。教師に話を聞いてほしかったのでしょう。じっくりと話を聞いてもらうことで、答えを見つけることができたようです。

◇

学校の子どもたちの顔が浮かんできました。どの子にも時間を気にせずにゆったりと、向き合うことができたらどんなにいいでしょうか。

次々に押し寄せてくる会議や提出書類の山、ノンストップで走り続ける教師にゆとりの時間はありません。

教師の長時間過密労働は、教師の感性までも鈍らせます。

目の前にいる子どもたちのつぶやきや悲鳴を聞き取り寄り添う力を教師がつけるには立ち止まって考えられる時間が必要です。

（2018・7・29）

力合わせた経験が宝物

この日は音楽集会でした。

音楽発表の当番学年なので、いつもの登校時刻より早めに集合です。歌や合奏のリハーサルをしてから全校の子どもたちを体育館に迎え入れます。

学年の保護者の方がたくさんおいでになりました。

いよいよ本番、時間です。

ステージのひな壇に立っている子どもたちの緊張が伝わってきます。がんばれ！

歌も合奏も練習以上に上手にできました。大きな拍手に、思わず笑みがこぼれます。

でも、大幅遅刻をして、力を発揮できなかった友だちが何人もいました。発表が始まってから体育館にたどり着いた人もいました。何ということでしょう。

集会が終わり、他学年の退場が始まりました。

やはり、どの子にも発表の経験をさせてあげたい。遅刻をした子も含めて全員で、もう一度発表会をさせてあげたい。急なお願いにもかかわらず、音楽の先生は、快く応じてくださいました。

観客は保護者の方です。全員が残ってくださいました。たくさんのカメラ、フラッシュ付きです。子どもたちの頼りになる大きな応援団です。あたたかい拍手をおくってくださいました。

小さな失敗を肥やしに伸びていくのが子どもたちです。遅刻は残念でしたが、ここから学ぶことが大切です。

◇

みんなで力を合わせて、一つのことをやり遂げる経験が、一人ひとりの自信になります。やればできるということ、みんなの力が一つになった時に大きな力を出すことができるということ、これはとても素敵なことです。みんなの宝物になります。

みんな一人ひとりが輝けるように、これからも応援していきますよ。

実は他にも強力な応援団がいました。学校の主事さんです。

この日も午前7時前には体育館の窓やドアを開けて空気の入れ替えをしてくださっていました。朝早くから、見えないところで子どもたちが快適に過ごせるようにと気を配っていらっしゃいます。

本当にいつもありがとうございます。


（2018・8・26）

運動会の一本締め

「先生、子どもたちがみんな待っていますよ」

職員室で業者さんと打ち合わせをしていた私はぎょっとしました。

「先生と一本締めをするって、探してましたよ」

ああ、そうだった。おとといの金曜日に約束したのは私でした。運動会が無事に終わったらみんなで一本締めで喜び合おうって。

ごめんごめん。

運動会が終わって早く家に帰りたいでしょうに、待たせてしまいました。心の中で謝りながら、廊下を全速力で走りました。

3階の一番奥の教室にたどり着くと、みんないました。

「謙信と幸太が先生を探しに行って、まだ帰ってきません」

ごめんなさい。

今度は私が探しに行く番です。みんな、もうちょっと待ってて。

二人の名前を呼びながら校舎を走っていると、二人に会うことができました。

「先生の声が一階の玄関まで聞こえてきたよ」

二人とも学校中を探しまわってくれていました。

本当にすみません。

4年1組42人全員が揃いました。そして担任の美佳先生、お待たせしました。

今年の運動会は4年生にとっては初体験の係活動がありました。応援団、審判、放送、進行、用具準備、装飾、等々。

今までのように児童席で応援しているだけではないのです。運動会の下支えを経験しました。いよいよ高学年の仲間入りです。それだけに、子どもたちは疲れているはずです。

それでも、セレモニーを始めました。係りごとに立ってもらい、拍手で頑張りをたたえました。いいお顔です。最後に応援団の音頭で一本締めです。きれいに決まりました。よかったあ。

みんな、ありがとう。

一人ひとりとハイタッチして別れました。ダンスも決まって素敵でしたよ。

42人の子どもたちと美佳先生、これからもどうぞよろしくお願いします。

（2018・10・14）

全力で生きる、みんなが

「やっぱり学校っていいわあ」

かつて、闘病のために学校を去られた先生がいました。久しぶりに学校においでになった時につぶやいた一言でした。

「必ず戻ってくる」

強い思いを抱きながらも旅立たれました。子どもたちが大好きな先生でした。

◇

先日、私は病院から呼び出されました。母の具合が急に悪くなり緊急入院になったのでした。実家まで車で4時間、到着が夜遅くなりました。母の脇で簡易ベッドに横になっている父も高齢です。父のホッとした表情に申し訳ない気持ちになりました。

幸い、母は家に帰ることができました。主治医をはじめ病院の方々、ケアマネージャーや介護を担うたくさんの関係者にお世話になりました。感謝の気持ちでいっぱいです。

「大丈夫ですよ。まだまだ支えていけますよ」

ケアマネの言葉に励まされてまた、学校に戻ることができました。6日ぶりでした。

「やっぱり学校っていいわあ」

私の実感です。登校してくる子どもたちの歓声や走ってくる姿そのものに元気をもらいます。

学校は子どもたちの生のエネルギーに満ちています。

「先生、おうちの人、大丈夫だった?」

優しく声をかけてくれたのはゆりさんです。真っ黒な瞳が澄んでいます。

「先生がいないとさみしいよ。ずっといてほしい」

そばに寄ってきてボソッとつぶやいたのは翔さんです。

えっ、いつもはそんなことを言わないのに。みんな待っていてくれてありがとう。

「先生、またけんかです」

「勇君が休み時間からまだ帰ってきません」

「耕ちゃんが、校庭に行こうとしません」

はいはい。また日常が始まりました。

ありのままに全力で生きているみんなが、いいんです。そこから出発です。

(2018・11・11)

担任になって、良かった

学芸会のリハーサルでのことです。

体育館では係の先生や上級生が待機して、各学年の演技を見守っています。写真屋さんもスナップ写真を撮りに来ています。

4年生の出番になりました。

緞帳前で繰り広げられるオープニングの演出がバッチリ決まりました。

音響係の山さん、友さんと照明係のくみさん、さとさんの連係プレーが素晴らしい。あやさんの幕のタイミングも良し。

さすがです。休み時間に自分たちで何度も練習してきた結果です。この調子!

舞台を支える裏方さんの役割はとても大きいのです。

劇は順調に進みました。一人二役、三役の人も着替えを素早くおこない、劇を盛り上げています。

いよいよエンディングです。

ひな壇に全員が勢ぞろいして歌を歌うところで、けんかが始まりました。それも最前列の、ど真ん中にいる二人です。とうとう取っ組み合いのけんかになって終わりました。

教室に帰ってから、一人ひとりに今日の振り返りをしてもらいました。明日は児童鑑賞日です。明後日が保護者鑑賞日です。子どもたちは二人を責めませんでした。本番で頑張ろうと約束し合いました。

子どもたちは日々上達していきます。エンディングの歌が課題でしたが、2日目、みんなの声が体育館に響きました。一人ひとりの笑顔が輝いて見えました。

子どもたちの感想です。

「みんなの心が一つになった」

「いろいろあったけれど、最後成功できてよかった」

「みんなの力で成功した。劇は一人ではできない。楽しかった」

「劇のテーマ『本当の宝物』を考えながら歌うことができた」

今年初めて先生になった担任は、学芸会も初めてでした。

「最後のピアノ伴奏では涙が込み上げてきた。みんなの担任になって本当に良かった」

泣きながら話す先生を見つめる子どもたち。また一つ、クラスの宝物が増えました。

（2018・12・30&2019・1・6）

卒業へのカウントダウン

年が明けると、どの学年も、修了式や卒業式に向けてカウントダウンを始めるのではないでしょうか。

今年の４年生もカウントダウンカレンダーを作りました。

「修了式まであと〇日」と、クラスの一人ひとりが日付を分担します。

Ａ４サイズの白い画用紙は飾り文字とイラスト、みんなへのメッセージでいっぱいになります。今年も力作ぞろいです。

「5年生に向かって、今を大切にすごそう」は、久美さん。

「力を合わせてがんばろう」は、たけしさんです。

もうすぐ学校を支える高学年になることを意識しています。

これから、2分の1成人式や6年生を送る会、卒業式では在校生として出席するなど、大きな行事が待っています。

10歳の今、1日1日を大切に過ごしてほしいと願わずにはいられません。

◇

二つの前任校から招待状が届きました。謝恩会です。一通は、当時4年生の子どもたちからです。もう一通は、2年生の時に出会った子どもたちからでした。この子たちともカウントダウンカレンダーを作ったものです。懐かしく思い出されます。

もう卒業なのですね。月日の経つのは早いものです。共に過ごした日々は、わずか1年間でしかないのに、忘れずにいてくれてありがとう。嬉しさと同時に、教師の責任の重さを感じる瞬間でもあります。

これまでの日々には、一人ひとりにたくさんのドラマがあったはずです。じっくりと話を聞いてみたい。成長した姿を見るのが楽しみです。

6年生の担任の先生、保護者のみなさん、忙しい日々だと思いますが、残りの日々を子どもたちと共にどうぞ楽しんでください。

（2019・3・3）

再会した4年生

2年前に出会った子どもたちが4年生になりました。

再会が嬉しい。大学を卒業したばかりの新人の彩先生と共に、子どもたちに向き合う日々が始まりました。

子どもたちの、先生の目を見てお話を聞く姿勢が立派です。

（ああ、みんな成長したなあ）

低学年の時とは違います。

給食が苦手で、ほとんど食べられなかった勝さんが、何と嫌いな食べ物に挑戦しています。ほんの少しですが、量が増えています。

「すごいねえ。成長したねえ」

と私。

「うん、がんばっているよ」と目をつぶって野菜を口に入れました。

「勝は勉強もできるようになったんだよ。俺の方ができないくらいだよ」

班のお友だちが教えてくれました。そういえば文字が丁寧できれいになっています。

入学してから1学年1クラス。ずっと一緒なのですからお互いによくわかっています。

淳之介さんは、サッカー少年です。体がたくましくなってきました。正直でユーモアがあります。「怒られまくった10連休」と題した作文には思わず笑みがこぼれました。

みまさんは、おうちのことを話してくれました。

「お母さんのお給料だけでご飯を食べなくちゃいけなくなったの。だから協力しなくちゃならないんだよ」

家庭の状況が変化しています。

「お母さんを助けてがんばっているんだね。みまさんはお姉さんになったねえ」

そう言って頭をなでると、安心して帰っていきました。

1クラス23人。一人ひとりが個性的で魅力的です。

みんな、また1年間どうぞよろしくお願いします。

（2019・6・2）

子どもたちとの時間が

この日は快晴でした。

水曜日の午後、勤務校から80分かかる小学校におじゃましました。

校庭の芝生があざやかな緑色で出迎えてくれました。

４年生３クラス90人がホールで待っていてくれました。校長先生をはじめ、校内の先生や区内の児童文化部の先生方がお集まりでした。

これから私の出前授業が始まります。

道徳の話材「ふろしき」を素話で子どもたちに語りかけました。

それにしても、子どもたちは全員体操すわりです。45分間座り続けて授業を受けるのは大変なことです。

大丈夫なのかしら。しかも、初対面です。

はじめに抱いた不安は吹き飛びました。最後まで授業にしっかりと取り組んでくれました。

すごいなあ。

風呂敷にはいろいろな大きさがあり、染め方も肌触りも様々です。

「初めて見たア」

一反風呂敷は、さすがに大きいサイズです。10人の子どもたちに広げてもらった時には歓声が上がりました。

包み方や結び方にもいろいろあります。それらの一つひとつに素直に反応する子どもたちの感性に驚かされました。

その後は、児童文化部の先生方との研修会です。

参加者の半数は20代の先生方でした。

一方通行の講義はやめて、ワークショップで体験してもらいました。

「明日の朝の会で子どもたちにお話するつもりで、話材を決めてください」
3、4人のグループに分かれると、さすが先生方です。スムーズに進行していきました。
先生の失敗談には思わずひきこまれました。

先生たち、どうぞ子どもたちに柔らかな心のこもった肉声で語りかけてください。日々忙しい学校現場だからこそ、子どもたちとの時間を大切にしてください。

教室の子どもたちは、一番身近な先生のことが大好きです。

（2019・7・7）

そこにいるだけで

母が他界してひと月後、今度は父が倒れました。

東京から車で４時間、命に向き合う病院にかけつけました。

脳梗塞、幸い発見が早かったので後遺症がほとんどありませんでした。安心しました。

隣町にある病院に向かって車を走らせていると、小学生の子どもたちが目に飛び込んできました。

ああ、今日は平日だわ。

交差点の信号機は黄色です。

男の子たちが、笑い合いじゃれ合いながらかけてきました。

校庭以外で走っている子どもたちを見るとドキッとします。

交通事故に気を付けて！　信号機をよく見てね。車道にはみ出さないようにね。

速度を落として慎重に止まりました。

歩行者の信号機が青になりました。

子どもたちは、駆け出していきました。背中のリュックサックを大きく揺らして。笑顔がはじけています。躍動する全身がキラキラしてみえました。

反対側では、石垣のところでリュックサックがひしめいています。女の子数人がかたまって楽しそうです。何を見つけたのかしら。自然観察かしら。子どもたちは小さなものを発見するのが本当に得意です。

背中のリュックサックは、社会科見学か遠足の帰りなのかしら。それともこの地域ではランドセルの代わりにリュックサックを使っているのかしら。

ほんの短い時間でしたが、子どもたちを見ていると、自分のほほが自然に緩んできます。

子どもたちはそこにいるだけでいい。

子どもたちの体全体から発せられる生のエネルギーを感じて励まされました。

ありがとう。

これから、93歳の父の介護にどう向き合うのか、肩の力を抜いて心の準備をしていこう…。

（2019・9・8）

心の声を聞き取る力で

久しぶりに教え子に出会いました。

息子さんと二人づれでした。

ほんのわずかの立ち話でしたが、息子さんの通う学級での出来事を聞かせてくれました。

「この間、つまらないことで先生に怒られたんだよね」

小学校2年生の息子さんがお父さんを見てうなずきました。

「え、どうしたの?」

どうやら、プールバックを前日に教室に持っていったことが原因だったようです。

「だって、忘れたわけではないのでしょう」と私。

担任の先生は、

「プールバックはプールに入る当日に持ってきなさい」

と伝えたのに、守らなかったのが悪いということでした。

前日に持っていった数人の友だちと共に、クラス全員の前で怒られ教室の後ろに立たされたそうです。

息子さんは立たされている時に、自分はどうしたらよかったのだろうかと困っていたのではないでしょうか。

良かれと思って持たせてくれたお母さんも、先生に怒られたことになります。

家に帰ってから、お父さんやお母さんに話を聞いてもらって、やっとホッとしたと思います。

「つまらないことで怒られちゃったねえ」

親のその一言で、気持ちを切り替えることができたのではないでしょうか。

何でも話せる家庭を築いている教え子を誇らしく思いました。

学校は、子どもたちの柔らかな心にもっと寄り添ってほしい。そのことを私に伝えたかったのだなあ。

話を聞かせてくれてありがとう。

低学年の子どもたちにとって先生は大きな存在です。

わけのわからないきまりや罰は子どもの心を閉ざしてしまいます。子どもたちの心の声を聞き取る力をつけてほしいものです。

先生こそ心のゆとりが必要です。


（2019・10・13）

十人いれば十通りの

今日は就学時健康診断です。

来年の春に入学してくる子どもたちと保護者が学校に来る日です。毎年秋の日の午後におこなわれます。健康診断と知能テスト、管理職による全員面接があります。

来年の新1年生はどんな子どもたちでしょうか。

学校の先生たち全員で役割を分担して待ちます。在校生は5年生が担当です。来年は最上級生ですから、責任のある仕事を任されるのです。5年生、よろしく頼みますよ。

私は知能テストの係です。

あらあら、泣いている女の子がいます。教室に入ってきました。思わず、手を引いてきた5年生に「どうしたの?」と聞きました。

静かに首をかしげる様子から5年生も困っていたのかもしれません。ご苦労様。

女の子にとっては、初めての学校で緊張したのかもしれません。知能テストの直前までは、お母さんと一緒だったはずです。学校医の健康診断を終えるとお母さんと別れます、初めて出会う大きなお兄ちゃんに連れられて、階段を上って、大きな教室に入って…。知らない人ばかりの世界。

初体験。でも頑張りました。涙も消えてちょっぴり笑顔になりました。頭をなでて送り出しました。

一方で、元気よく教室に入ってくる子もいます。

「早く学校に来て勉強したーい」

お兄ちゃんが学校にいるので、慣れているのでしょう。飛び切りの笑顔で瞳が輝いていました。

十人いれば十通りの子育てがあります。家庭の生活環境も違います。顔も姿も性格も違って当たり前です。みんな違ってみんないいです。

どの子も大切にしたい。一人ひとりに寄りそった教育がしたい。子どもたちは、教師の初心を呼び覚ませてくれます。

（2019・11・17）

大人こそ支えられ

「井上先生！」

と、突然呼び止められました。

学校からの帰り道、夕暮れどきのことです。自転車を止めて振り返ると、背筋をピンと伸ばした少年がすらりと立っています。

「菊田さん？」

「はい。６年生になりました」

礼儀正しい受け答えです。

すごい！　立派になりました。

授業中に教室を飛び出して、学校中を走り回っていた姿が昨日のことのように思い出されます。よく二人で追いかけっこをしたものです。

「もうすぐ卒業なのね。次は中学生ですね。頑張ってください」

握手を交わしました。すると

「すぐそばにハナちゃんと直美ちゃんがいますよ」

と教えてくれました。男子も女子も仲の良い学年でした。

二人の女の子が、「先生！」と駆け寄ってきました。

二人とも背が伸びて美しく輝いて見えました。

子どもたちは日々成長しています。

出会った時はまだ2年生でした。たった一年間しか共に過ごせなかったのに、よく覚えていてくれました。子どもたちは本当に律儀です。

学校は日々忙しく、ゆっくりと立ち止まって振り返る余裕がなくなっています。

そんな時にこの出会いは、突然のクリスマスプレゼントのようでした。

ほんの短い立ち話でしたが、三人の成長した姿を見ることができて元気をもらいました。

ありがとうございます。

大人こそが子どもたちに支えられているのだなあと思います。たとえ今が苦しくても必ず道は開けていきます。子どもたちの生きる力は希望です。

やはり、教師は幸せな仕事です。

卒業式には、ぜひ参加させて。みんな一人ひとりの門出を祝わせてください。


（2020・2・9）

文化活動は心の栄養

年に一度、冬に東京都の公立小学校連合学芸会が開催されます。今年は55回目になりました。

ライトに音楽、用意はいいか
道具も衣装も、支度はいいか
手をたたいて…。幕を開けよう

子どもたちの歌声が劇場に響き渡りました。ワクワク感が伝わってきます

私は、いつものように舞台のそでで劇の進行を見守っていました。すると、出番を待つ2年生の男の子と目が合いました。

口パクで「がんばってね」と伝えると、真剣なまなざしでうなずいてくれました。思わず背筋が伸びました。

舞台では今山場を迎えるところでした。

主人公のスイミーが仲間の赤い魚たちと力を合わせて、大きな魚を追い出そうとしてい

るところです。

みんなが声をそろえて「おーっ」というところで、そでにいる男の子もこぶしを上げました。彼の役はやっつけられる大きな魚なのですが、気持ちは舞台にいる小さな魚たちと同じなのです。舞台に集中しながら、担任の先生からの出番の合図を待っている緊張感が伝わってきます。

無事に大役をやり遂げました。

最後は学年全員の子どもたちが舞台に並んで歌を歌います。

みんないい笑顔です。劇をやり遂げた喜びがほとばしっているようです。子どもたちの一生懸命な姿にまた励まされました。

かつては、2日間にわたって延べ20校の学校が参加していました。ここ最近は、1日のみの開催で8校になっています。

子どもたちにとって文化芸術活動は心の栄養です。豊かな感性を育む今を大切にしたいものです。

この日、保護者の方の応援と先生方の熱意に支えられて、参加した子どもたちは新しい自分に出会えたのではないでしょうか。

どの子もみんな素敵でした。

（2020・2・23）

大震災の日の出来事

今年も3月11日がやってきます。9年前のあの日のことが思い出されます。子どもたちと共に避難した校庭は大きくうなり、排水溝からは水が噴水のように吹き上がりました。子どもたちは、いつもの避難訓練とは違うことに緊張していました。

仕事ですぐにお迎えに来れない保護者の方を待つために、残留の子どもたちと共に体育館に移動しました。地域の方たちも自主的に避難されてきました。お世話活動をしていると、外はすっかり暗くなっていました。

いつもは、高架橋を走る電車が、まるで銀河鉄道のように光って見えるのですが、この日は違っていました。

蟻の行列が線路をおおっていました。よく見るとそれは人でした。交通網がマヒしてしまったために人々が歩いて家路を急いでいるのでした。

親が学校にたどり着くまで、どんなに大変な思いをしているか。異常事態に驚きました。子どもたち全員が帰宅したのは夜の9時半過ぎでした。

◇

この日、他の区の学校では、こんなことがありました。

暗くなってから職員室の入り口に見知らぬ女子生徒が立っていたそうです。用件を尋ねると、電車が止まってしまい家に帰れない。駅の近くの小学校に避難していると親に連絡したけれど、信じてもらえなかった。

「どうせ、友だちのところで遊んでいるのだろう」と父親に言われて辛かったと。

先生はすぐに家に電話をして事情を説明したそうです。親御さんは分かってくれました。

生徒のホッとした表情が目に浮かびました。一人で避難してきただけでも心細かったに違いありません。

「職員室を頼ってきてくれたことが一番嬉しかった。学校はそうありたい」

そう話し終えた先生の目はうるんでいました。

忘れられない出来事です。

（2020・3・15）

私を育ててくれたのは

「先生、お久しぶりです。突然ですが、学校に会いに行ってもいいでしょうか?」

電話の声は、遠慮がちでした。5年前にお世話になった学校の保護者の方でした。

新型コロナウイルス感染拡大による突然の学校休校の中、別の学校を訪ねてもいいものかと気を遣ってくださったのでした。

約束の時刻に校門でお会いしました。

もうすぐ小学校を巣立つ由美ちゃんも一緒でした。

「大きくなりましたねえ」と私。

思わず笑みがこぼれます。はにかむ姿は2年生の時のままです。よく来てくれました。

お母さんは、卒業対策委員として3月上旬の巣立ちの会（謝恩会）を成功させるために準備を重ねてきたのでした。

もちろん子どもたちも、何か月も前から練習を重ねてきたはずです。本番まで、あと数日というところでの突然の中止でした。

「会でお会いするのをみんな楽しみにしていました」

と、これまで準備してきた品ものを手渡されました。

卒業を祝う品の一つひとつに親の子を思う気持ちが込められています。ズシリと重い紙袋でした。

「直接お渡しできて良かったです」とお母さん。

「これからも見守ってください」

と言われて、胸がいっぱいになりました。

巣立ちの会も卒業式も来賓として出席する予定でした。

私の教員生活最後の年は、この子どもたちの卒業を見届けるつもりでした。立ち会えないことに、がっかりしていた矢先の訪問でした。

今自分たちにできることは何だろうと考えて、最善を尽くす母子の姿に励まされ勇気をいただきました。

◇

どんなことにも前向きに切り開いていくこと。

最後まで私を育ててくれた人は、子どもたちであり保護者のみなさんでした。

本当にありがとうございました。


（2020・4・26）

2章
教師の学びは社会の中に

もうすぐ小年生
―不安なパパママへ

わが子が生まれてから今日まで、ずっと成長を見守ってきたお父さん、お母さん。小学校入学は子育ての大切な節目です。この時期を、子育てを振り返るきっかけにしてはいかがでしょうか。

「ここがわが子のいいところ」と、お子さんの長所を大切にしてください。そのうえで、いくつかの視点について考えることができればよいと思います。

自分のことは自分で―しつけは深部の学力

小学校に入学するということは、子どもたちが親の手を借りないで、自分の力で身の回りのことをするということです。

ランドセルから教科書や筆箱などを取り出して机の引き出しにきちんとしまい、ロッカーにランドセルをしまう。体育では体操着に着替えてすばやく整列する。朝会や集会では、整列してきちんとお話を聞く。毎日の学校生活を支える力は、身辺自立です。家庭での生活を今一度振り返ってみてください。

自分のことは自分でする子は自信にあふれています。朝目覚めたら、顔を洗って、「おはよう！」と家族にあいさつ。着替えをして、朝ごはんをしっかり食べて、歯を磨いて、トイレに行く。当たり前の生活習慣が、自律心を育てます。

「あら、うちの子大丈夫かしら？」と思われたら、そこからスタートです。身の回りのことを練習してできるようになったら、たくさんほめてあげてください。きちんと身につけるためには3か月必要ですので、入学後もゆっくりと見守っていきたいものです。しつけは深部の学力です。粘り強さを養います。

目を見てお話を聞く――考える力が育ちます

学校では、目を見てお話を聞くことが何よりも大切です。目と目でアイコンタクト、信頼関係が築かれます。集中してお話を聞くことで、考える力が育ちます。

仕事でも家庭でも忙しい日々の中で、子育てに励むお父さんお母さんは、ゆっくりじっくりわが子の目を見るゆとりが少なくなりがちです。

一例ですが、あるお母さんが大切にしたことは絵本の読み聞かせでした。保育園から家に戻ると家事の全てを捨てて、わが子を膝に抱いて座り、絵本を読み聞かせました。子どもたちは絵本が大好きでした。その方の夫は毎晩遅かったそうですが、子どもたちが寝るころに帰れた夜は、寝床でお話を聞かせていたそうです。子育てにはお父さんの力が必要です。

一日のうちのほんの5分でもいいです。子どもときちんと向き合う時間がつくれたらいいですね。

家庭でのだんらんを―豊かな会話の大切さ

十人いれば十通りの子育てがあるものです。親の仕事や生活環境は一人ひとり違います。趣味も特技も違います。しかし、共通して大切なことは、家族のだんらん、豊かな会話です。話し言葉から語彙力が増し、大脳を刺激して豊かな子に育ちます。家庭は子どもたちの心の基地です。

文字は書き言葉の出発ですが、生活の中から子どもたちは興味を持ち、知りたがります。無理やり教え込むより、遊びのように自然に触れさせたいものです。広告の裏でもいいですから、クレヨンなどで文字を大きく書いた時には、たくさんほめてあげてください。

ひらがなの五十音は、日本語の基本です。本来、学校でゆっくりと教えるものですが、今はスピードがアップしていますので、できれば入学までに読めるようになることをおすすめします。文字は筆圧が大切です。クレヨンや色鉛筆で色ぬりをして遊び、鉛筆を正しく持つ力を育てたいです。

汗いっぱいに遊ぶ子は活力のある子になります。体全体を使って、指先を使ってなど、たくさん遊ばせたいものです。

どうぞ、みなさん子育てを楽しんでください。学校は楽しいところです。親と教師が手を取り合って子どもたちを育てていきましょう。

（「しんぶん赤旗日曜版」２０１３年3月17日号）

もうすぐ新1年生
パパ・ママにアドバイス

新入学の季節です。小学校入学を前にワクワク・ドキドキしている保護者のみなさんに東京都の小学校教員、井上美惠子さんからのアドバイスです。

子どもの良さ再発見―成功体験重ね成長

いよいよ1年生。お母さん、お父さんは、子育てを振り返る時期ですね。ここまでよく育ったなと自分流の子育てに自信をもって、子どものいいところを再発見してあげてください。

お母さんやお父さんの不安な気持ちは子どもに伝わります。「友だち100人できるかな」の歌詞がある「1年生になったら」や「ドキドキドン!1年生」などの歌がありますね。新しい出会いが楽しみになるように話してあげるといいですね。子どもの好きなランドセルなどを選んで、楽しみを増やすのもとてもいいと思います。

保育園や幼稚園の友だちと離れて一人になる子もいますが、心配することはありません。スタートはみんな一緒です。下駄箱の使い方、ランドセルの置き方やトイレのまたぎ方、チャイムで席につくことなど順番に新しい空間に慣れていきます。2年生が学校探検に連れて行ってくれます。楽しみだねと送り出してあげてください。

子どもたちは1年でおとなの10年分くらい成長するといわれています。教室は毎日がドラマに満ち、先生や友だちと学びあいながらみるみる成長します。苦手な給食も一口食べようと励ましているうちにいつの間にか食べられるようになります。どの子もたくさんほめられて、「私ってできる」という成功体験の積み重ねで大きく伸びるのです。

大事なのは、子どもと向き合う時間を1日5分でもとることです。子どもの目を見て話を聞きましょう。できれば抱きしめて、そこにいるだけで幸せだと伝えてあげてください。

つまずくのは当たり前です。「教室はまちがうところだ」という詩があります。伸びるために階段の踊り場で足踏みするような場面もあります。事件はたくさん起きますが、子どもは友だちのいいところを知っているので許すことができます。

親と教師の信頼築く―困ったときは聞いて

保護者は見守ることが必要です。そのためにお母さんやお父さんも友だちを増やしてください。授業参観や懇談会に参加したり、ＰＴＡの役員になったり、読み聞かせなどのボランティアにかかわったりすると先生や保護者同士の信頼関係がつくれます。先生の素晴らしいところを見つけたら伝えてください。困った時には「どうしたらいいでしょう?」と聞いてみましょう。子どもを真ん中にして先生と保護者が力を合わせることが何よりも大切です。

小学校入学前のこの時期は、文字に興味が出てくるころだと思います。楽しみながらひらがなを一緒に読んでみたり、クレヨンなどやわらかいもので文字を書いたりするのはおすすめです。くれぐれも怖い顔をして教え込まないようにしてください。学ぶことは楽しいことですから。

小学校までの道を一緒に歩くことも大事です。子どもは目線が低く、突然のことに対する対応力が低いのです。通学路を一緒に歩いて、目印を見つけたり、車や自転車に気をつける危険個所を確かめたりしましょう。近所に上級生がいれば仲良くなって、最初は一緒に登校できるよう頼んでもいいですね。

一緒に早寝早起きを―朝仕事にきりかえ

早寝早起きもできるといいですね。朝、学校に出発する時間から逆算すると起きる時間と寝る時間がわかります。睡眠時間は10時間はほしいです。帰りが遅い保護者も子どもと一緒に早めに寝てみてはいかがでしょうか。朝仕事にきりかえたり、家事を少し手抜きしたりするなど工夫してみましょう。わが子が生き生きと学校で活躍できるために大切なことですから。お父さん、お母さん、今を大切に子育てを楽しんでください。

（「しんぶん赤旗」２０１６年３月１日付）

『みんなで学ぶ女性の権利』の発行にあたって

「元始、女性は太陽であった」

女性の権利を考える時に、自然に頭に浮かんでくる言葉です。女性解放運動の象徴です。1911年（明治44年）9月、平塚らいてうが、雑誌『青鞜』発刊号に寄せた文章の表題です。当時は、絶対主義的天皇制の下で、女性たちは家制度に縛られ権利を主張することさえ許されない時代でした。全教女性部が加盟する婦人団体連合会（1953年4月結成）の初代会長が平塚らいてうです。女性運動は今につながっています。

2012年10月、全国女性教職員学習交流集会in東京に、地域から参加された80歳の女性の発言は忘れられないものでした。「10代で執行委員になった私にとって労働組合は、大学よりもすばらしい学校でした」。彼女は、1954年にたたかわれた近江絹糸争議の当事者のお一人でした。歴史の証人の言葉から〝今日は昨日のうえにあり、今日の頑張りのうえに明日がある〟ことを実感しました。

一つひとつのたたかいの歴史が、現在の「女性の権利」につながっています。全国の仲間のみなさんの職場の要求を積み上げた粘り強い交渉の積み重ねで、私たちは権利を前進させてきました。厳しい状況の中で獲得したひとつひとつが宝物です。宝物を引き継ぎ、さらに前進させていくためには、学習が欠かせません。

2012年1月に、クレスコ編集委員会の声かけで、全教女性部の役員に全教常任弁護団の齊藤園生弁護士にも加わっていただき、「女性の権利」についてみんなが学べる学習資料となる企画について相談をしました。その結果が、月刊『クレスコ』での「みんなで学ぶ女性の権利~男女ともに生きいきと働きつづけるために」の1年間の連載となりました。

連載にあたり、快く執筆を引き受けてくださった、駒田富枝さん、竹信三恵子さん、育児休業や介護休暇の実態を寄せてくださった仲間のみなさんに心からお礼申し上げます。

全国の仲間のみなさん、このブックレットを活用して、学習し、要求を実現する運動をさらに広げていきましょう。そのことが、男女ともに生き生きと働き続けるための新しい歴史をきりひらきます。

（全日本教職員組合女性部2013年4月発行『みんなで学ぶ女性の権利――男女ともに生きいき働き続けるために』）

我慢しないで！　セクハラ・パワハラ

―ハラスメントのない職場づくりを

子どもたちの成長・発達に責任をもつ教育の現場で、セクシャル・ハラスメント（セクハラ）やパワー・ハラスメント（パワハラ）が後を絶たないことを、子どもたちや保護者が知ったらどんなに驚くことでしょう。

「みんな仲良く」「いじめは絶対だめ」「弱い人の立場になって、思いやりが大切」「みんなで力を合わせてがんばろう」。そう語るべき教師自身がハラスメントにあっているとしたら、よい教育なんてできるはずがありません。

今回は、セクハラ・パワハラ問題をとりあげて考えます。

全国ですすむハラスメント防止指針の策定

全教青年部と女性部は、２００７年から08年にかけてそれぞれハラスメント問題の全国実態調査をおこない、解決に向けた運動をすすめてきました。

セクハラ（性的な言動で相手を不快にさせる嫌がらせのこと）防止のとりくみについては、問題が表面化されにくいこともあり、解決が難しい点がありますが、改正男女雇用機会均等法11条に定めがあり、県市町村教育委員会で防止規定がつくられています。そこにとりくみの拠りどころがあります。

それに対してパワハラは、防止のための法的根拠がなく、パワハラ行為が「野放し」ともいえる状態になっていました。そのような実態をもとに、全教が、各都道府県教育委員会に「パワハラ防止指針」を策定することを求めたことなどにより、現在、パワハラ防止指針も含めて何らかの施策をしている自治体は、全教の集計で22道府県にのぼっています。

このような中、厚生労働省は今年1月、初めてパワハラの定義を規定し、「職場で働く者に対して、職務上の地位や人間関係などの職場内の優位性を背景に、業務の適正な範囲を超えて、精神的・身体的苦痛を与える又は職場環境を悪化させる行為を言う」としました。5月29日、『パワハラ』相談件数が過去最高になった」として、約4万6000件、9年前の7倍にのぼることを発表しました。国は、ようやくこの夏、初めての実態調査をおこなう予定です。

都教組の「パワハラアンケート」に寄せられた声

東京都教職員組合（都教組）は昨秋、パワハラ解消の運動をすすめるために、「学校をパワー・ハラスメントのない職場に」という教職員アンケートを実施しました。具体例を紹介します。

「副校長に顔を2発も殴られた（本人は報復が怖いので告発できない）」「子どもや保護者の前で大声で怒鳴る」「文書の書き直しを10回以上させる」「反省会と称して罵声をあびせる」「『消えろ』『親にたきつけて、いられないようにしてやる』『早くやめろ』と校長が暴言を吐く」――。若い教師を退職に追い込むまで追及するなど、ひどい人権侵害の実態が生々しく報告されています。

また、「生理休暇は人として怠けている」「（妊娠した女性に対して）出退勤の軽減なんてまだ早い。いつもそうやって仕事をしない人のせいで、私はどれだけ大変な仕事をしてきたことか」「子どもの看護休暇をとるなら年休にしろ」「妊娠健康診断は5時過ぎに行け、年休があまっているだろう」など、パワハラ発言のために権利が侵されている状況も明らかになりました。

セクハラ行為も報告されています。「校長が若い女の先生をちゃんづけで呼び、『素ッピンなの？　化粧濃いの？』と声かけする」「メールや待ち伏せなどのストーカー行為」「個人ロッカーを無断で開けられた」「結婚していることやしていないことを話題にされた」。

ハラスメントは、人格否定・人権侵害です。このため、メンタル不全を発症し、退職を余儀なくされたり、みずからの命を絶ってしまったりする例も報告されています。子どもたちに人間の尊厳を教える教育現場、子どもたちの成長・発達を保障する学校現場において、許されないことです。

こうしたハラスメント行為は、受けた人だけでなく、それを見ている人をも委縮させ、物言えぬ職場にする教職員管理の手段にもなっています。上意下達の学校体制がパワハラの下地です。

何でも話せる職場づくりをすすめよう

「実践がうまくいかない」「子どもや保護者とのトラブルを抱えている」などは、誰にでも起こりうることです。そんなとき、私たちは子どもの話ができる職員室で、いっしょに学び、協力して教育実践をしてきました。ところが、人事考課制度や指導力不足教員制度によって、指導の悩みを相談できない雰囲気が生まれました。管理職や主幹・主任教諭の中には、管理能力や人材育成を評価されるために若い教職員をゆっくり育てるゆとりがなくなり、厳しい叱責や命令・強制をする人が出てきました。

また、長時間労働に疲れてくると、弱い立場の人につらくあたることも起こります。「休暇を認めない」「時間外労働を強制する」。これらは問題であることが自覚されないほど、学校現場に蔓延しています。教職員の勤務時間や労働条件について、教職員にきちんと知らせていない管理職が多く、権利侵害が問題になっています。

このような中で、私たち自身がパワハラやセクハラを見逃さない職場をつくることが大切です。我慢している同僚はいないでしょうか？　暗い顔で元気のない人はいないでしょうか？「どうしてる？」の一言が、職場を救うことにつながります。職場に青年教職員の割合が高まる中で、職場が彼らを育てる環境になっているか、支配したり切り捨てたりする環境になってはいないか、私たちの職場づくりが問われています。

今年3月、「先生に声をかけてもらってどんなに勇気づけられたことか。つらいときを乗り越えられたのは組合のおかげです」と言って、次の職場に転勤していった仲間の笑顔が忘れられません。

組合は、子どもと教育に責任をもち、人間らしく働くことのできる職場づくりをすすめるために力を発揮しなければなりません。女性も男性も生きいきと働き続けることが私たちの願いです。引きつづき、パワハラ防止指針策定を求める行動を強めるとともに、「お世話活動」（気軽に声をかけ合い、なんでも話せる職場の人間関係をつくる）を大切にして、理不尽なハラスメントをひとりで抱えこんで悩む同僚をつくらないように気配りをしていきましょう。

何でも話せる職場づくりが、〝ハラスメントのない職場〟を実現する力です。

（全日本教職員組合女性部2013年4月発行『みんなで学ぶ女性の権利――男女ともに生きいき働き続けるために』）

『福島から伝えたいこと』第2集発行にあたって（福島県立高教組女性部）

福島県立高教組女性部長の大貫昭子さんに、特別報告「東日本大震災の被災地から」をしていただいたのは、あの3・11から7か月後の2011年10月8日、香川県丸亀市でした。

第21回全国女性教職員学習交流集会in香川、初日の全体会、約700人の参加者が大貫報告に耳を傾けました。

「3・11東日本大震災と東京電力福島第一原発事故による被災地の状況を知りたい」「自分たちに出来ることはないだろうか」

そんな香川の現地実行委員会の強い要望からできた企画でした。

大貫さんのお話は深く参加者の心を打ちました。

「福島で起きたことは、最後にしなければならない」「原発ゼロ実現のために、全国の仲間と手を取り合っていかなくては、と決意しています」との訴えに、集会参加者からカンパ金がたくさん集まりました。

そのカンパ金を元に『福島から伝えたいこと』第1集を作成されたと聞き、福島県立高教組女性部のみなさんのご努力に胸を熱くしました。

福島は私の故郷です。須賀川市で生まれ育ち、大学卒業までこの地におりました。私は、福島の教師として働きたいと希望していましたが、東京に参りました。今、故郷がこのように酷い苦難にさらされようとは想像もしなかったことです。

冊子は、「その時」被災した方々の息づかいと福島で働く仲間の子どもたちの教育を守りたいという思いを刻む貴重な記録でした。読み進むと、福島を追体験しているような思いになり、「この悲しみや怒りを変革の力にしなくてはならない」とこみ上げてきます。

福島を放射能が覆う前、2009年10月、福島の地で第19回全国女性教職員学習交流集会in福島がおこなわれ、翌10年8月は日本母親大会が開かれました。二つの全国集会を大成功に導いたのは福島県立高教組女性部の仲間のみなさんでした。

今なお困難な教育環境の中でも、福島の仲間のみなさんは、組合員の生活と権利、子どもたちの学び生きる権利のために頑張っておられます。その上に第1集に続いて第2集の発行をされました。

全国に〝福島の今〟を発信し続けることは、福島に暮らし働くみなさんにしかできない取り組みです。今年度、全教女性部は文科省交渉にあたり要請書の第一の柱に放射能汚染から子どもたちを守れ、と掲げました。

あの日から2年、2013年の今年こそ、原発ゼロにむけた運動を強めなければなりません。2012年暮れの総選挙で政権交代をした第2次安倍内閣は、原発推進を図り、教育の国家統制を強める超タカ派の政治をすすめる方向です。子どもたちの未来のために私たちは国民のための教育を守っていかなくてはなりません。

全教女性部は、この第2集を全国に広めたいと思います。事実の重みこそ運動を広げる原動力です。福島を風化させてはなりません。

（2013年1月）

『福島から伝えたいこと』第3集発行にあたって（福島県立高教組女性部）

2015・6・20は、女の平和行動。国会議事堂を赤いファッションアイテムを身に着けた女たちが、人間の鎖で囲みます。今、国会で審議されている戦争法案を成立させないための行動です。

この日は、娘の結婚式ですが、私も連帯の赤を身に着けようと思っています。

あの日の3・11、娘は医師として、福島の三春地域でお年寄の訪問診療をしていました。大きな揺れを感じながら病院に戻ると、隣町から次々と患者さんがベッドごとトラックで搬送されてきて、廊下までいっぱいになり、さながら野戦病院のようだったと後から知りました。

私は、母として未婚の娘に「東京に帰ってきて」と電話をしました。すると、笑われました。「患者さんを置いていけるはずがない」と。看護婦さんが一人やめていなくなったことで、病院に衝撃が走ったこと、近隣の医師会長が突然避難したことも周囲を不安にしていることを聞かされました。

当時、「『福島の女は嫁にもらうな』そんなことが囁かれているよ」と知人が教えてくれました。広島・長崎の時と同じだなと思いました。

不安の中で、様々な立場の人が今日まで、精いっぱいに地域を支えてきたことと思います。一方で、国の姿勢は、国民をないがしろにした原発推進、そして憲法無視の戦争法推進です。絶対に許すわけにはいきません。主権者は私たち国民です。

こうしたなかで、福島県立高教組のみなさんが『福島から伝えたいこと』の第3集を発行されることは、とても意義深いことです。福島に暮らす人々の思いや今現地で起きている事実を知らせ広げることが世論をつくります。理不尽なことに立ち向かう力を共有して、共に進みたいと思います。

私が初めて全教女性部長になったのは2011年、東京電力福島第一原発事故が起きた年です。10月、全国女性教職員学習交流集会を香川で開催しましたが、全体会で特別報告に立った、福島県立高教組女性部長（当時）の大貫さんの姿は、今でも忘れられません。被災地の生々しい実態の告発と共に、「福島で起きたことは最後にしなければならない」と訴える大貫さんの毅然とした姿に会場は静まり返りました。会場でのカンパが第1集の発行につながり、その後の東京、宮城、岡山の全国女性教職員学習交流集会では必ず被災地からの報告を分科会に位置付けてきました。

原発ゼロの運動は全国の女性部でおこなわれています。福島の現地を訪れた人たちは、事実を伝え広げるためにスライドにしたり文集にしたりして報告会や授業の教材にしています。これからも運動は引き継がれていきます。

また、全教女性部は、様々な集会でこの冊子を普及してきました

「1集、2集とも、とてもよかった。周りの人にもすすめていきます」

「泣きながら、読みました」

と感想をよせてくださったのは、印刷・出版産業で働く女性たちです。

生の声、事実の重みが詰まった第3集に期待しています。

私はこの春、4年間の全教女性部長を退任しましたが、引き続き皆様とご一緒に運動を進めていきたいと思います。

（2015年10月）

先輩からのメッセージ

無数にあるはず、励ましのたね

新採用者のみなさん、ようこそ教育の現場に！　そして、若い教師のみなさん、日々の教育活動はいかがですか？　何よりも体調は大丈夫ですか？

私たち教師の目の前には、未来に向かって生きる子どもたちがいます。少しばかりの失敗を肥やしに前に向かって伸びていく子どもたちからたくさんの元気と勇気をもらっていることと思います。

教師はやりがいのある仕事です。でも、子どもたちに「がんばれ、がんばれ」と言って自分が無理をしていませんか？　家と学校の往復だけで若い時代を終わらせてしまうのは、もったいないことです。

教師の魅力は、豊かな経験から醸し出されるものです。視点を変えて、一歩外に出てみませんか？　趣味や遊びも大切です。長期の旅行は、なかなか取れないかもしれませんが、そこで見たり聞いたり体験したりしたことが、とても役に立ちます。いわば広い意味の教材研究です。無駄なものは何ひとつありません。

また、いろいろな職種の人たちとの交流が社会を見る目を開かせてくれます。教師自身が世界を広げてみると、子どもたちに語る言葉が豊かになります。まずは、肩の力を抜いて学校を外から眺めてみるのもよいものです。

教師としての力量を身に着けたい！

わたしが初めて教壇に立ったのは、東京の下町でした。

2年生の可愛い子どもたちに出会って幸せでした。休み時間にはいつも子どもたちと遊びまわっていました。

出会ってすぐの学級会の時間に、クラスで一番元気の良いA君に司会を任せたことがありました。議題はあるものの、立ち往生するA君。あんなにみんなをまとめる力があるのに「なぜ？」とびっくりしました。

子どもたちの発達段階に応じた丁寧な手立てが必要なことに思いが至らなかったことに気づかされた瞬間でした。とにかく、教師としての力量を身に着けたいと思いました。

組合が主催する連続教育講座はとても役に立ちました。半年後に組合に加入しました。地域の生活指導の研究会に参加して、平日の夜や土曜日に集まっては、集団としての子どもたちや個としての課題を考え合いました。

長期の休みには、様々な民間教育団体の主催する泊まり込みの研究会に出かけていき子どもに寄り添う教育を学んでいきました。もちろん、観光もしっかりとして。

組合の仲間とワイワイ語り合いながら、様々な職種の人と交流して地域の子ども祭りを成功させたことも、自分自身を豊かにしたと思っています。中央合唱団の研究生として歌の練習をしたのもこのころです。とにかく、外の世界を飛び回っていました。

保護者の懐に飛び込んで

教室でうまくいかなかったり理不尽な保護者の対応に落ち込んだりした時には、職員室でよく愚痴をこぼしあいました（今は、それさえもできない職場があり、心を病む教師を見過ごしてしまう実態がありますから、愚痴のこぼしあいは大切なことです）。

当時、家でも同じように話す私に、違う職種の夫は「教師は狭い世界だね。保護者を尊敬していない」とひと言。カチンとしながらも、お母さんたちの思いをうかがうことにしました。

『ここがわが子のよいところ』と題して、わが子の誕生日に向けて原稿をお願いしました。「悪いところはすぐにわかるけれど、良いところは見つけられないものですね」と言いながら、みなさん、お忙しいのに誠実に対応してくださいました。

日刊の学級通信に載せていきましたら、お母さんたちがお互いをもっと知り合うために交流ノートを回したいということで、4冊のノートが同時に回覧されました。お母さんたちのわが子に寄せる思いに触れて、私も誠実でありたいと思いました。

考えてみたら、私よりも年上で経験が豊富な人生の先輩たちですから、学ぶことがたくさんありました。学年の終わりの文集づくりでは、お母さんたちが応援に駆け付けてくれて日曜日の職員室を占拠したこともありました。親は子どもたちのために協力を惜しみません。今でも当時のお母さんたちとの交流があります。私を育ててくださった恩人たちです。

若い教師のみなさん、思い切って保護者の懐に飛び込んでみるのもよいと思います。〈教師はかくあるべき〉というかみしもを脱ぐことで、たくさんの収穫があるかと思います。

仕事も家庭も大切に、生き生きと働きたい

妊娠出産をして、無認可保育園にわが子を預けて働く子育て時代には、たくさんの方にお世話になりました。

父母の会連合会の保育料値上げ反対や保育の質を下げない取り組みを通して、他職種で働く同じ父母仲間がたくさんできました。子どもを互いに預けあって夜の動員に交代で行ったり、子どもを寝かしつけてから夜中まで会議をしたりと、助け合って子育てをしてきました。ひとりぼっちの子育てには限界があります。大人がつながりあうことで子どもたちを守れると思う

のです。

仕事も家庭も大切にして生き生きと働きたい。これが、私たち女性部の願いです。男性も女性も共に、定年まで安心して働き続けられるように、教育の条件整備をし、権利を獲得し拡大してきたのが組合です。子どもたちを真ん中にして父母と教職員が手をつないで教育を良くしていく取り組みも大切にしています。

組合はいつでもあなたを応援しています。一歩外の世界に踏み出しませんか。

（『クレスコ』2015年4月号）

制度のおかげで職場に戻ってこれた

―組合が勝ち取った介護休暇制度

突然の事故でした。２０１３年11月14日、東京消防庁救急隊員からの連絡を受けて病院に駆け付けると、医師から告げられたのは「命の危険」でした。処置室の夫は別人でした。傷病名は「脳挫傷」でした。開頭手術の間中、「生きて戻ってきて」と強く念じました。

介護のために退職を考えた

私は東京の公立学校の教師で担任をしていました。しかし、瀕死の夫に寄り添うために職場を休むことに躊躇はありませんでした。

それは、組合が長年要求して勝ち取ってきた権利・介護休暇制度があったからです。職場を1か月以上休むと代替の講師がつくので、忙しい職場の仲間に負担をかけなくてすみます。無給にはなりますが、半年間は取得できます。その後は退職することを視野に入れていました。

夫の状態がどうなるか、先の見通しが立たない中でこの制度がどんなに心強かったことか。

制度を勝ち取った組合に感謝

幸いにも夫は生還し、リハビリに向き合えるようになりました。

予想以上に早く教育の現場に復帰した私を待っていたのは、「お帰りなさい」「大変でしたね。大丈夫ですか」の温かい声掛けでした。教室に入ると、「もう会えないのかなと思っていた」と涙ぐむ子もいました。かつては介護のために職場を去らなければならなかった先輩たちを思いながら、戻ってこれて良かったとしみじみ思いました。全教・都教組に感謝です。

制度があったことで我が家の危機を乗り越えることができました。

（『学習の友』２０１５年６月号）

学校現場はいま

追いつめられる教師たち

私は小学校教師として定年退職をしてから、再任用短期という働き方で学校現場にいます。仕事は、大学を出たばかりの新人の先生を育成する仕事です。

現役時代と違い、一歩下がって学校を見ると異常な働き方に驚かされます。

新人教師対象の学習会で

先日、他の区の学習会に講師としてお邪魔した時のことです。学習会の題は「学んで実践！　明日から役立つ学級作り」でした。終了が予定時刻よりも40分もオーバーしてしまいましたが、参加者のみなさんは熱心でした。それでもまだ質問をしてくる先生がいましたので、場所を変えて話し込むことにしました。

「学校にいるだけでは自分は駄目になってしまうと思ってきた」と話されたのは会の終了間際に飛び込んできた方でした。講師を5年経験して今年度やっと念願の教師になったそうです。

それでもこの頃は教師をやめたいと思うと言います。「私も同じです」と続けたのは教職10年目くらいの女性教師でした。「前任の区では、ある程度教師としての裁量があったが、今の区では細かく管理されて息が詰まる」と言います。

二人とも、遅い時は10時11時、早い時で7時8時まで学校にいるとのこと。報告書や提出文書、授業の時数計算、指導案の書き直しなど、形式的な物ばかりに時間が費やされていく。「毎日が、ただ黙々と上から言われたことをこなすだけでいいのか？　もっと子どもたちにゆっくり向き合いたい。瞳が輝く楽しい授業がしたい。そのために教育実践の力をつけたい。自由に教材研究がしたい」と話は尽きません。二人の強い思いが伝わってきました。

一歩外に出て話を聞いてもらうことで、学校の在り方を見つめなおす時間が持てたようでした。長時間過密労働と管理の学校現場の中で踏ん張っている先生を応援している人がたくさんいることをお伝えしました。

新人教師担任のクラスで

今年赴任した学校では、校長先生曰く、学校中で一番荒れたクラスを受け持つことになりました。ＡＤＨＤ（注意欠陥多動性障害）やＬＤ（学習障害）、アスペルガー症候群、自閉症など様々な困難を抱えて苦しんでいる子どもたちがいました。

上履きを投げつける、給食のお代わりの量が少ないと言って陶器の茶碗を床に投げつけ器物破損をする、教室から飛び出す、黙って教室からいなくなる、教室で大暴れし、気持ちを落ち着かせるのに何時間もかかる、教師に殴りかかるなど、現象はすさまじいですが、一番困っているのは本人たちですから、根気強く寄り添い保護者との信頼関係を結んできました。

クラスが何とか落ち着き、楽しい企画を全員でできるようになった時に、管理職との面談がありました。ここまで頑張ってきた新人の先生に対して校長から発せられた言葉は「俺は褒めない。絶対に褒めない」の叫び声でした。「まだまだ成果が出ていない、努力が足りない」というのです。それこそがパワハラなのだと校長に伝えました。

校長のこのような態度は、子どもとの距離が離れるばかりか教師との信頼関係も崩れ、何の問題解決にもなりません。今進行している学校間の学力競争や教育委員会からの点検指導、地域との連絡調整、問題行動への対応など、校長自身が多忙極まりない中で冷静でいられなかったのはわかります。しかし、学校は子どもたちの成長発達を保障するところです。一人ひとりの子どもに寄り添う教師を大切に育てることこそが大事ではないでしょうか。

3月、最後の保護者会では、「入学してからずっと大変だったと言われてきた子どもが、この一年間で変わり、成長できたことが嬉しい、おふたりの先生のおかげです」と参加者のお一人おひとりが自分の言葉で語ってくださいました。子どもたちに夢を語れる教師が必要です。

（『婦人通信』２０１７年５月号）

平等を問う私の原点

今年は教師歴42年になる。この道に進むきっかけが私の家庭環境である。

子どもの頃の父についての記憶は「ちゃぶ台返し」である。母は裸足で庭に逃げていった。夕食の時だったろうか。丸いちゃぶ台には家族分の食器が並んでいたはずだが、父がひっくり返した。

当時、人気漫画だった「巨人の星」の父親がテレビの画面で同じことをしたのでびっくりした。あの時、父がなぜそうしたのか細かいことは覚えていない。しかし、父のそうした振る舞いは許せなかった。母に対する態度は強圧的だった。男尊女卑。後から学んだ言葉である。

母の口ぐせ

母はよく話を聞かせてくれた。子どもの頃は、下駄をはいて着物で学校に通ったこと。そろばんや勉強が好きだったこと。父とのなれそめの話。一度結婚して戻ってきた人は、初婚になる父にはふさわしくないとのことで父方の親戚一同に大反対をされたそうだ。母が年上だったことも影響している。そこを押しきって父に迎えられた話を聞くのは楽しかった。

母は「女が自立するためには経済力が必要だよ。だから、きちんとした仕事を持たなければならないよ」「学校の先生は、男も女も関係なく働けるからいいね」と言っていた。よく覚えている言葉だから何度も聞かされていたに違いない。

母は専業主婦だった。私が小さい頃は、家計を支えるために工場でアルバイトをして働いた。その後は長い間ヤクルトおばさんをした。勤務成績が良いとのことで会社から時計や指輪をいただいたり、ハワイ旅行のプレゼントまで受けていた。あくまでもアルバイトだったから給料は安かったに違いない。父からは食費しか受けとっていなかったことが大人になってからわかった。

小学校3年生の頃から、私の将来の夢は学校の先生になった。大学は教育学部。お金がないので地元の国立大学に進んだ。そこで学んだことは社会の仕組みである。不正や不平等がなぜ起こるのか。弱い立場の人に寄り添いたい。特に、男女平等には敏感だった。学びは学生運動の中で深まった。未来の教師としてできることは何か。子どもたちを丸ごと受け止める力が必要であることなど心構えだけは身に着けた。

家に帰る度に父と論争した。母が止めに入ることもしばしばだったが、構わずに続けた。怒りながらも論争を楽しんでいる父がいた。酒を飲む相手ができたからかもしれない。母は酒を嗜なまない。父は子煩悩だった。

愛夫弁当

大学を卒業して採用されたのは東京だった。地元の教師にはなれなかった。その年、結婚した。相手の実家に訪問して驚いたのは義理の母がゴッドマザーだったことである。6人の子どもを育て上げ、義父の退職後も家計を支えて働いていた。夫は兄弟姉妹の末っ子である。家庭の決まり事は家族全員で話し合って決めていた。決済は義理の母がしていた。もちろん大蔵大臣である。私の家とあまりに違うので羨ましかった。すぐに家風に馴染むことができた。

子育てをしている時に一番助かったことは、夫が朝食をつくり無認可保育園につれていってくれたことである。帰りは私の担当で分担できた。子どもたちが学校に入ると、土曜日はお弁当持参になる。当時は土曜日も学校で授業があった。その後は学童クラブでお世話になる。夫はどんなに夜遅く帰ってきても、朝ごはんとお弁当を作った。それは子どもたちが高校を卒業するまで続いた。

夫は料理が上手であった。娘が中学生の時の事である。

「あら、いつもと違うね」と、娘のお弁当を覗いた友達。「今日はお父さんが作ったの？ いろどりが悪いもの」は別の友達。娘が「今日は母が作ったの」と答えると、「え、いつもはお父さんが作っていたの！」と驚かれたそうである。あまり嬉しくないエピソードである。私の職場では愛夫弁当と呼ばれていた。

共働き家庭は夫婦で力を合わせなくてはなりませんからね。とはいうものの、わが子二人が立派に成人して家庭を持てたのは夫の食育のおかげだと思っている。家庭の在り方は千差万別皆違うと思うが、大切なことは相手への尊敬だと思う。

今、母95歳、父92歳。父は相変わらず我儘だが、母を頼りにしていることは間違いない。長く連れ添うことで夫婦の関係が変化することを両親から学んでいる。

（『教育』２０１８年7月号）

3章

お話は子どもの心の栄養

東京童話会の会報『話の研究』に寄稿した「私の童話のあゆみ」です。会報は月1回発行で、2004年5月から2005年4月まで12回連載されました。

東京童話会は、教室で子どもたちに語る童話を研究する団体です。東京都公立小学校児童文化研究会の童話部の研究母体でもあります（会は2011年解散）。私が今日まで研究を続けることができたのは、素話（語る童話）の魅力を丁寧に伝えてくださった先輩方のおかげです。機会のある度に区や市の児童文化部の講師として素話の魅力をお伝えしています。

世界に一つだけの文集

『進級を祝う会』が終わりました。

江戸川の小学校で9年間、最後の教え子になる子ども達です。入学してから2年間の成長を、子ども達自身が確認しあい、次へのステップにするという、いわゆる学習発表会です。

3月19日（金）会のおわりの言葉は、子ども達自身の言葉でしめくくられました。

「お父さん、お母さん、わたしたち、ぼくたちのできるようになったことを、みとどけてくれましたか。これから3年生にむかって旅立ちます（すごい！　と私の胸中の一人言）。これからも応援してください」

これで全てが終了するはずでした。ところが——。

「ちょっとマッター——」

と司会者二人は、手を広げて大見得を切ったのです。

「エーッ」とおもわず大声をあげてしまいました。

「代表の人、大くん、みさきさん、お願いします」

プログラムには、まったくないセレモニーです。つづけて、

「井上先生、前にどうぞ」

代表の二人が手に持っているのは、萌黄色の小さな包みでした。

「先生にわからないように作っていたんだよ。文集だよ。秘密だったの。考えてくれたのは、田村君のお母さんです」

保護者席で、田村さんが涙目でほほえんでいます。

前列の子ども達の表情が緩んで見えました。目を赤くしている人、フニャーと椅子に寄りかかってしまった人もいます。

後列の親御さん達は総勢40名。私を注視しています。

「いつのまに……」

と絶句してしまいました。

最後の教え子達と親御さんに囲まれて幸せなひとときでした。世界に一つしかない文集は、手作りの刺しゅうのステキなカバーつきで、子ども達と親のメッセージカードが交互に入っていました。中には、タイの日本人学校に転校したみどりちゃんと、お母様のメッセージもありました。田村さんがとりついでくれたのでした。

数日後、この日の記録ビデオをいただきました。杉山さんのおじい様が撮影してくださったものです。丁寧に編集されています。

「昨年の進級を祝う会と比べてみると、子ども達の成長が、よくわかります」とメッセージをいただきました。

教育活動は、たくさんのサポーターに支えられて営まれていることを改めて感じています。家庭の教育力と学校の教育力がしっかり合わさった時、何倍もの力になって子ども達を支えていくのです。

未来は子ども達のものです。少しばかりの失敗をこやしにして大きくなっていく人達です。この子達に寄り添うことで、どれだけ多くのエネルギーをもらっていることか、実は大人こそが子ども達に支えられているのではないでしょうか。

一つの区切りをへて、童話会の原稿依頼とむきあっている今、もう一度、教師としての自分をふり返りたいと思います。

子ども達に語る童話にむきあう節目になるように。

（2004・5・1）

離任式

この日を待っていました。

子ども達は、どうしているだろうか。次の学年で、うまくやっているだろうか。

前任校を離れて約1か月。新しい子ども達と向き合っている生活の中でも、気にかかっていました。

4月23日（金）は離任式の日です。久しぶりの学校に戻ってきました。懐かしい先生方と廊下で出会いました。思わず、

「ただいま」

と、声をかけました。とてもピッタリくる挨拶のような気がしたのです。先生方もニコニコして、

「お帰りなさい」

職員室も校長室も、保健室も事務室も、何も変わっていないようでした。

体育館に案内されました。全校児童が、体育館中央に花道を作って待っていてくれました。花道の両側は、何と私の教え子達の列でした。入場しながら子ども達の顔を間近に見ることができました。少し大きくなったようです。

9年間毎年、送る側にいた私が、今度は体育館のステージ上で送られる側にいます。一番はじの列に並んでいる子ども達は、花束贈呈と作文を代表で渡す役割を持ちます。……いました。懐かしい三人です。

通常、代表は二人なのですが、今回は三人です。3年生でのクラス替えで3クラスに分かれたからでしょうか。どのクラスからも代表一人ずつという先生方のご配慮を感じます。

いよいよ私の番です。

全校児童の前で堂々と作文を読みあげるみきちゃんを前に、こらえていた涙があふれてきてしまいました。鼻が赤くツンとしました。

こんなに立派になって……。思い出が走馬灯のように、よみがえってきます。

2年前、入学したての頃は、学校に来るのが辛くて、毎日泣きながら登校してきたみきちゃん。毎日毎日、やっとの思いで教室に入ってきても不安でたまらなく、私にしがみついていました。私のひざで授業を受けたこともありましたね。お席はいつも私の隣で、机も一緒に使いました。おんぶにだっこ、保健室にもよく通いましたね。お家の方も辛い日々を送ったのでした。それが夏休みのプールに通ったことから自信がついて、2学期からは、泣かずに学校に来られるようになったのでした。

花束贈呈の二人にもドラマがありました。いろいろなことが次から次へと思い出されてきます。あんなに甘えん坊だった公一君は、私にふれることもなく礼儀正しく深々と頭を下げて去っていきました。お父さんを亡くした勇気君も見違えるほど逞しく見えました。

子ども達は日々成長しています。やはり未来を生きる人達です。今を懸命に生きながら成長していく発展途上人なのです。君達なら大丈夫！　安心しました。

私も離任式で一つの区切りがつきました。私が今向きあっているのは、新たな学校の5年生の子ども達です。

（2004・6・1）

自己点検

プールサイドから上がってくる方のお一人お一人に一礼をして声をかけます。

「おつかれ様でした」

泳ぎおわった泳者は、最後の力をふりしぼって、プールサイドによじのぼってきます。１５００メートルの長距離種目です。泳者は、担当の私に一礼しますと、回れ右をして計時係等役員に向かって深々と一礼なさいます。そして、さらに、プールに向かって一礼するのでした。私の母や父の年齢の方々です。

５月30日（日）東京辰巳国際水泳場。この日、約６００名の老若男女が集いました。都のスポーツ団体の春の記録会です。

20代～50代に混じり、60代、70代の方が泳ぎきるのです。記録は、各年代、個人差で全然違うのですが、完泳した時の喜びが伝わってまいります。

「人は、いくつになっても輝けるのよ。目標を持ちなさいね」

そんなメッセージを無言のうちに、いただいているような気がしてなりません。

私は、年に数回ボランティアとして大会の運営に携わっています。この日は、計時係の主任でした。

朝8時45分集合、夕方7時解散。昼食含めて40分の休憩時間しかとれないハードスケジュールです。しかし、不思議に疲労感はなくやり遂げた充足感にひたることができます。

相棒の計時係副主任は、高校3年生の金平君です（大学をめざす受験生の一人です）。約600人分のオーダー用紙の記録回収は、彼の全力疾走に支えられています。一日中、かけ回るので、さすがの彼も食欲が落ち、「吐きそう――」とつぶやくのですが、彼もまた、大会を支える誇りを持っているのでした。

老いと若さと、各々の持ち味で、力を合わせて大会を成功させる喜びは、何ものにもかえがたいものです。

水泳は、速さを競うことも一つの楽しみ目標でありますが、もう一つ、大切なものがあります。それは、できなかったことができるようになったという喜びです。

そもそも、水泳とつきあうようになったきっかけは、わが子の喘息でした。主治医の先生から水泳をすすめられたのです。海の合宿に付き添いをした私も泳ぐはめになり、初めて海で遠泳を経験したのでした。

娘や息子は難なく泳げるのですが、問題は私でした。息つぎができない、足のつかない海が恐ろしい。それが3泊4日の合宿の中で、一つひとつできるようになっていったのでした。わが子はさておき、自分のことで精一杯でした。毎日が、感動の連続でした。できなかったことができるようになった！

36歳の夏、目からうろこが落ちるような経験でした。教師としても貴重な経験でした。

できない人に教えるだけでなく、寄り添うこと、待つこと、喜びを分かちあうこと。

今、教室で、どれだけ実践できているのか。自分を点検しなければなりません。

（2004・7・1）

NHK放送体験

本番です。現場の空気がピンとします。

「10、9、8、7、6、5、4」

と、声をかけているのは、まりあさんです。それから後は、声を出さずに、指だけでサインを出します。

（3、2、1）

そして、Qです。右手をキャスター役のななみさんに送ります。

「こんにちは、キッズニュースの時間です」

にこやかに話すななみさん。

ここは、渋谷にあるNHKスタジオパークです。総合学習としてNHKの放送体験にやって来ました。

5分程の番組作りのためにおこなう当日の打ち合わせは、約1時間。

5年生全員が活躍できるように、一人一役の分担にしてきました。

フロアーいっぱいに打ち合わせをしている光景は、臨場感があふれて熱気に満ちています。

テレビに映るのは、キャスターとリポーターだけですが、番組を支えている人の数が、いかに多いことか。

キャスターやリポーターが、カメラ目線で、よどみなく話せるためには、カンペという係が支えていることも初めて知りました。

F・D（フロアーディレクター）のまりあさんに指令を出しているのは、P・D（プログラム・ディレクター）の優君です。他にも音声、T・D（テクニカル・ディレクター）など、いろいろな係があります。撮影カメラは2台で、各々の役割が違いました。

和君が、本物のカメラ装置の扱い方をNHKスタッフに指導されています。この時の表情といったら、キリッとして瞳が輝いているのです。

キャスター役の真君も、カメラ目線を保ち、引きしまった表情でニュースを伝えています。

二人とも、普段の教室では無口で静かな存在なのです。しかし、この日、意外な一面を見せてくれました。

ここに来るまでに事前準備がいろいろありました。番組のテーマ設定のための話し合い、取材活動、原稿作りと台本作成、リポーターによる事前のビデオどりと編集、集合写真の配列と看板作りなどなど。担任はフーフー言いながらですが、子ども達の嬉しそうな姿を見ると、また気持ちがひきしまるのでした。

そして当日、生き生きと活動している子ども達を見て、やっぱりここまで来て良かったなと思うのでした。

子ども達の可能性は、一体どれぐらいあるのでしょうか。わかることといえば、彼らのとぎすまされた感性を、体験を通して刺激すれば、確実に、何かをつかみとってくれるということです。

「一人ではできないけれど、みんなでやればすごいことができる」

NHK放送体験新聞のまとめに、そう書いたのは光君です。見学にいらしたお母様が、感想をくださいました。

「今日は、思いがけなく大きく成長し、生き生きした子ども達を見られて良かったです。（中略）悩みも多く、忙しい子育ての中でも、こんな瞬間があるから、毎日がんばれるんですね」

子ども達が輝く時、教師は勇気をもらいます。

（2004・8・1）

教育相談研修

3日間の研修が終わりました。

年間を通して30数回、中級の教育相談研修を受講しています。この3日間は、エンカウンターグループ研修でした。

1日目、午前午後を通して6時間、ほとんど沈黙の時間でした。講師からは何もなく、見通しの持てない時間の中で、不安を感じるばかりでした。

2日目、何かを見つけたくて、とぎれとぎれに続く受講生の話に耳を傾けました。人の話を聞くことは、自分を見つめることです。6時間、ただただ、話を聞くことに徹しました。

3日目、自分なりの結論が出ました。沈黙の中で、頭に浮かんできたのは、今まで担任してきた教え子達でした。

タイムカプセルをあけた時の森山君の表情。

「先生、このまま解散ということはないよね、まさか、俺達の先生がね」

言葉も鮮明によみがえってきます。初めて受け持った高学年でした。卒業記念に、学校の花だんの下にタイムカプセルを埋めたのでした。『2クラス合同で2000年3月31日に会おう』ときめて、別れて10年、ほとんどの子ども達が集いました。仕事でこれなかった人は、親御さんが立ち会ってくれました。成人した子ども達と、カラオケで飲めるとは思ってもみないことでした。この日を境に、母校が廃校になるということも予想外でした。

突然の電話、10年ぶりに聞く和泉君の声。

「先生、よかったら出席してください。一番いい席を用意しました」

「俺がまがらずにやってこれたのは、先生のおかげです」

結婚式当日の新郎は、りりしく立派でした。嬉し涙で、くちゃくちゃの私に、テーブル席の教え子達が、

「先生、昔もよく泣いたな」

「オレは先生になぐられて、鼻血出したっけ」

「先生の授業を俺達忘れない。先生の言った意味が今ならわかる」

「俺達の結婚式にも来てくれよな」

みんな大きくなって……。

さゆりさんは、今は立派な小学生の母親です。結婚式のつのかくし優しく穏やかな表情が浮かんできます。私の初めての教え子です。先頃、お父様は、闘病の末、旅立たれました。

みゆきさんの新婦姿が浮かんできます。美しく自信に満ちた表情。全盲のお母様を支えて、

昔からしっかり者でした。

小学校時代の子ども達の10年後20年後の姿を見届けられる幸せ。

この夏の林間学校での子ども達が浮かんできました。キャンプファイヤーの最後のセレモニーの主役になったさつきさんの涙。夏休み中に転校するさつきさんのために、行きの列車の中、本人に内緒でお別れのメッセージカードを書きました。「学年全体でやりましょう」と提案してくれた相棒の先生のおかげで一つの冊子ができたのです。胸にしっかりと抱いた彼女の姿。

日々の教育現場は忙しく、疑問に思うことも多い中で、改めて自分を振り返ることができました。私は教師であるということ。子ども達に生かされる教師でありつづけたい。


（2004・9・1）

伸びる力

夏の水泳指導が終りました。

7月の検定と9月の検定を比べると、子ども達の泳力の伸びに驚かされます。水泳指導は、通常6月下旬から9月上旬にかけておこなわれます。夏休み期間中は、約20日間全教師がもち回りでプール指導にあたります。

最高の伸びは、5段階昇格です。3人いました。4段階昇格は2人です。ほとんどの人が、前の級よりあがっています。

6月最初の水泳授業で泳げない子達のグループを担当した時のことです。和くんは、顔を水面に近づけることができませんでした。ちょっと水に顔がつくと、ブルブルとふるえて身体が硬くなります。水滴のついた顔を両手でゴシゴシとふきまくります。

「水となかよしになろう、こちらが力をぬいて水にやさしくすると水もやさしくしてくれるよ」

と手をにぎりながら声をかけます。あごまで水につかってリラックス、次は口までつかってブクブク、かにさんになるよ、一つひとつ段階を追っていきます、1時間の目標は一つにします。スモールステップ。できると、ほめてほめてほめてほめまくります。

とにかく、身体の力を抜くことを徹底して教えます。水となかよしになろう!

頭までもぐれた時に変化が起きます。足が宙に浮いてくるのです。もちろん水の中で。その時に、水に身をまかせることができるかどうか。一つひとつの小さなステップに、根気よくついてこれるか?

他の子の指導についていて、ふと目をやると、和くんはずっとずっと取り組んでいました。誠実に、誠実に。取り組んでいるお顔がひきしまってみえます、11歳の和くん。

和くんは昨年まで1回もプールに入ったことがなかったそうです。

「親がいくら言ってもダメでした。授業中も見学ばかりで夏のプールにも行かないんです。でも今年は違うんです。自分から用意して行くんです」

と、お母様。

検定の時、回りの友達から声援が飛びました。

「ガンバレ、ガンバレ、和！」「ガンバレ！　ガンバレ！」

みんなの声におされて、生まれて初めてプールの横を泳ぐことができました。ひと夏で、13級から8級に一挙に5段階もあがったのです。

やればできることを体感した和くんは、2学期に入って学習への取り組みが変わってきました。時間がかかっても最後までやり抜こうとします。友達とたくさんの先生に声をかけられ励まされてきたことが、人への信頼と自分自身への自信につながっているのでしょう。

最近の子どもをめぐるニュースには、胸のふさがる思いとやり切れなさを感じます。前にむかって生きる子ども達を、なぜ応援できないのだろうか。子ども達の伸びる力を奪わないでほしい！　と願わずにはいられません。

職場では和くんの成長を、学年の先生のみならず、職員室のみんなが喜んでくれています。

（2004・10・1）

名誉挽回

「先生、どうやったら名誉挽回できるんですか」

瞳の大きなあんなさんが、全身で聞いてきました。仲よしのさきさんとありささんも一緒です。朝の会のおわりのことです。

「さっきの門をとびこえた人のことですが、私達のことです。今まで3回やりました。ごめんなさい」

他の二人も「ごめんなさい」と頭を下げました。

「それに、黒板に書いてあるマイナスも減らしたいんです。名誉挽回したら減らすことができるんでしょう?」

三人の瞳が、さらに大きくなったように見えました。

黒板にはマイナス点が書いてあります。マイナス9点。

「雨の日には、まん画本を持ってきて読んでもいい。それ以外では読まないこと」

学級会で討論して決めたことです。でも、こっそり読んでしまった人がいました。それででてきてしまったマイナス点でした。マイナス10点になったら、みんなで決めた約束はダメになってしまうのです。約束事には、ルールがあり、責任を果たすことが必要です。

三人は、自分達の失敗を含めて、何とかしたいと思ったのでしょう。

「三人共、失敗を正直に認めたのでプラス1点としましょう。本当のことを言うのは勇気のいることです。これが名誉挽回です。次から行動で示してね」

少しの間、沈黙がありましたが、

「エーッ、本当！」

「先生、ありがとうございます」

そう言って画用紙をもらっていきました。すぐにポスターの出来上がりです。

「名よばんかいして、プラスをふやそう」

前と後ろの黒板に貼り出しました。すばやい行動力です。

友達に迷惑をかけられないと思ったのか、それから、こっそりまん画を読む人を見かけなくなりました。

黒板係の仕事を率先してやり抜いているのもこの三人です。また名誉挽回プラス1点です。

レクリエーション係も張り切りました。9月におこなうはずだった誕生会がお流れになったままでした。

「もう1回、時間をください。今度は、きちんとやります」

前回の反省からか、模造紙半分の大きさに、提案事項が丁寧にかきこまれて掲示されました。

ねらい、日時、ルール、サッカーの班構成、用意する物などなど、準備はO・Kのようです。

次に問題だったのは、みんなの取り組み方でした。集中力に欠け、あなたまかせの態度が誕生会中止の決定打になったのでした。

今回は、みんなの力が試される時でした。あの時の名誉挽回ができるかどうか？　心配することはまったくありませんでした。集合、整列、試合、反省ときびきび行動して楽しく過ごせました。

人間、失敗はつきものです、大事なのはその後の行動です。お互いに補い合い、支え合って、クラスが成り立っていることを感じてほしいのです。


（2004・11・1）

ありのままに

「うれしー――っ」

学校行事や運営のために、通常より早めに下校できる時の子ども達の反応です。

「だって、つかれるもの」

午前8時15分から午後3時20分の6校時終了まで、毎日びっしりつまった学校カリキュラムです。朝は読書タイムと漢字検定学習、または計算問題レベルアップに取り組みます。休み時間には、行事を推進するための実行委員として企画・運営に携わります。委員会としての常時活動もあります。遊ぶ時間を持てない時もあるのです。学習内容もむずかしくなってきた高学年です。

朝の会のことです。

「みなさんのストレス解消法は何ですか」

私の問いに、男子がすばやく反応しました。

「外で思いっきり遊ぶと、すっきりするよ」

「同じ!」

と、クラスの10人以上の男子が手を挙げました。休み時間や放課後には、少しの時間でも、校庭に出て元気いっぱい遊んでいるメンバーです。

「思いっきり走ると、いやなことは忘れちゃう」

「他の人は?」

「家に帰って、好きな音楽を聴いているとおちつく」

「思いっきり叫ぶ」

「お母さんに叱られたりすると、泣きたくなくても泣いて、ごまかしちゃう」

「趣味のダンスを踊っていると忘れちゃう」

「私は、乗馬をしている時かな」

何も言わない人は、どうしているのだろうと心配になります。

毎朝、３階の教室の廊下で私を迎えてくれる人がいます。木内君です。近づくと、きまって肩を私にぶつけてきます。

「強くぶつけられると、とっても痛いのよ、優しくしてね」

と、言うと次の日からは、優しくぶつけてくれるようになりました。

身体をだきとめて、頭をなでると、

「先生、きらい！」

と言います。

「私は大好きよ！」

と言いますと、安心して教室に入るのです。彼のストレス解消法は「パソコンのメール」で知らない人と話すことでした。

休み時間になるとピッタリ後ろにすわって、私の側から離れない人がいます、ここ最近のことです。連鎖反応のように、他の女子もくっついて離れません、ほおずりやだっこ、おんぶを喜びます。

「それじゃあ、まるで幼児だよ。おかしいよ」

と、わんぱく坊主の男子達に冷やかされても、おかまいなしです。

二人は今まで、しっかり者で通してきたのです。時には、よい子でいることを投げ出したくなるのかもしれません。あるいは、ありのままの私をみて！　というメッセージなのでしょうか。

心が、かぜをひいてしまう時もあるのです。

安心して！　ありのままの君達が好きですよ。

（2004・12・1）

研究授業

「先生、ありがとう、また来てください」

いつのまに書いたのでしょう、そっとメモをもらいました。

数人の女の子が、さよならの挨拶の後に追いかけてきてくれました。

会場校の小学校5年2組のみんなと顔合わせをしたのは11月末でした。12月3日の全国公立小学校児童文化研究会発表大会の会場校です。

私は、大会当日に童話部（東京都小学校児童文化研究会の研究部の一つ）として、研究授業をするのですが、一度だけ、自己紹介をかねて、会場校の子ども達に会いにいくのです。

初めて出会う子ども達は、私が現在担任している学年と同じです。

等身大の我がクラスのことを話すことにしました。会報558号〝私の童話のあゆみ⑦〟

「名誉挽回」の話です。

語り終わって一礼をすると拍手が起きました。一番後ろ、窓際の男子がスッと手をあげてくれました。運動が得意そうです。

「いいクラスだと思います。クラスの誰かの失敗を、他の人がカバーして挽回するなんて、いいなと思います」

廊下側の女子も手をあげてくれました。背が高くおちついた態度です。

「うちのクラスには、そんな大きな事件はないですけれど、クラスみんなで取り組んで成功させていくところが、すごいなあと思います」

私の目をまっすぐに見て発言する子ども達。初めて出会った人間に心を開いてくれています。前に向かって生きる子ども達が、ここにもいるのだと思える時間でした。いいことをいいと素直に受け止め、相手を受け入れる子ども達に励まされます。

我がクラスに戻ってから、さっそく会場校のみんなの話をしました。クラスの子ども達は、自分達を受け入れてもらえたことが嬉しそうです、瞳が輝いていましたから。みんなの自信につながるといいな。

研究授業の前には、もう一つ、事前研究授業があります。本番と同じように授業をして研究を重ねるのです。講師は大先輩の田中進先生が受けてくださいました。

会場校とは別の小学校で5年1組におじゃましました。童話部部長福岡先生のかつての教え子達です。お話を聞く楽しさを知っている子ども達でした。

都児研童話部と出会ったおかげで、お話を通してたくさんの子ども達と出会うことができました。研究をしていなければ出会うことはないのです。

都児研（東京都児童文化研究会）童話部として研究授業をした最初は、台東大会でした。はじめての自作「みきちゃん」を一年生の子ども達に伝えました。次は港大会です、田中進作「広場の人々」を6年生に、墨田大会では、山下源蔵作「戦争の話」を4年生に、世田谷大会では自作「天国からのお年玉」を届けました。

そして今回は江戸川大会です。遠藤朋子作「大切な忘れもの」。

会場校の子ども達のおかげで、はじめて、心からお話を子ども達に届ける楽しさを知ることができたように思います。

（2005・1・1）

お話の魅力

「ミーちゃんとダーちゃんは、どうなったかしら」

ふとしたことで出た会話です。久しぶりに家族4人が揃ったわが家の食卓です。

「お父さん、私達が寝る時には、いつもお話は〝つづく〟でおわりだったね」

この春、研修医として社会に出る予定の娘の言葉です。すかさず大学生の息子も、

「ブランコに乗って、遠くまで行ったっけね」

夫は、にこにこ笑っています。24歳と21歳の子ども達と夫だけの会話です。私だけが知らないお話です。

共働きの子育て時代は、毎日が分刻みでした。食事に洗たく、お風呂、明日のしたく、仕事の持ち帰り、帰宅してからの短い時間であわただしく過ぎていきます。懐しい日々です。その時に、夫は子ども達にお話をしていたのでした。普段は帰りがとても遅く、子ども達と一緒にいる時間は、とても少なかったと思うのですが……。

今頃になって、わが子について初めて知ることもあり、改めて、その当時、いかに自分に余裕がなかったか思いしらされるのです。

0歳からは無認可保育所、1歳からは公立保育園、入学してからは学童保育所にお世話になった子ども達です。親と一緒にいる時間の方が短いのです。それでも、就寝前のほんのひととき、お話を通して密度の濃い時間が持てたら、子ども達は覚えているのですね。

これがお話の魅力なのだと思います。

私自身が、お話の魅力を知ることになったのは、都児研童話部との出合いです。

「台東大会の授業者をやってくれないか」

声をかけてくださったのは、当時、童話部部長の乙山先生でした。それまで、ずっと庶務部

の仕事でしたので、研究部として学習したかった私は、すぐに快諾しました。

副部長だった福岡先生に連れられてむかったのは、夏の熱海でした。駅前のおいしい魚やさんで指導者が待っているので会わせたいということでした。指導者という方は特別理事の屋代先生でした。

その頃は、毎年熱海で都児研として1泊2日の夏季研修会をしていました。その年の大会のテーマや授業の構想を練ったのです。

何も知らない素人の私を育てるために、屋代先生がおみえになったのでした。優しく穏やかにお話をしてくださったことが思い出されます。今から14年前のことです。

そして、もうお一人、特別理事の田中先生です。

「授業をするには、自分で作ったお話が一番いいよ。まず、書いてごらんなさい」

先生の包みこむ優しさに励まされて、初めて自作の童話を作ることができました。訳もわからず無我夢中でした。

お話を覚えるだけで精一杯でしたが、授業者として子ども達の前に立つと、子ども達の瞳が私をひきつけました。

お話は、瞳と瞳があった時に生きるのだなと思ったことがスタートです。まだまだ未熟者ですが、今度は、いつでもどこでも気負わずに自然体で、お話を届け楽しむことができたらいいな。

（2005・2・1）

ドラマの演出家

朝、教室に入ると、2列のクラッカー部隊が、私を待っていました。

思わず戸口で立ち止まると、みんなの視線が一斉に私に集まりました。華々しいクラッカーの音と共に、

「先生、お誕生日おめでとう！」

と言われました。みんな、ちょっと照れくさそうな顔をしていました。38人の子ども達。黒板いっぱいに、お祝いの言葉が書いてありました。

昨日の放課後、

「先生、会議でしょ、早く行かなくちゃ。教室に戻らないでね」

と念を押されていました。

「そんなこと言ったら、あやしまれるよ」

隣にいたかほちゃんがボソッと言いました。だから、教室には戻りませんでした。そう言えば、最近、朝、教室に入ろうとすると、決まって誰かが戸口で私を待っていました。

2月15日は、私の満50歳の誕生日です。今までも、かつての教え子達から心のこもったプレ

ゼントを送られた経験があります。子ども達は優しい。

この日の3時間目は学級活動でした。レクリエーション係に企画をまかせていました。

「先生もゼッケンを着てください」

「エッ!?」(いつもは、私は監督なのに)

「だって、今日は先生の誕生会なんだから」

「先生、着られないんじゃないか? からだが大きいから」

男子がポツリ。親切に心配してくれました。無事に!?ゼッケンをつけて赤チームに入りました。私でもできそうなキックベース大会でした。

大会終了後、全員整列、まだ一人ゼッケンを着ている人がいます。かほちゃんです。

「かほちゃん、ゼッケン返さなくちゃ」

と私。ニヤッとされました。その瞬間ゼッケンの中から何やらとり出しました。

「ハイ、みんなからのプレゼントです」

わかちゃんと二人で一つずつ渡されました。みんなの寄せ書きの色紙と、メッセージが書きこまれたノートが1冊、表紙には2月15日とだけ書いてありました。

ボーッとしている私を子ども達が囲んで拍手をしてくれました。

「お誕生日、おめでとう!」

長い拍手の中一人ひとりの顔をみようと一巡しました。素直に涙が出ました。

「先生の泣き顔、前にも見たよ」

と佑君に言われました。

「そう、先生は泣き虫だから困っちゃう、ありがとう」

教師は、子どもと親を主役にドラマを作る演出家たれ！という言葉が好きでしたが、この日は子ども達こそがドラマを作る演出家でした。

昨日は、大阪で悲しいことが起きたばかりでした。小学校教師が勤務中に卒業生の17歳に刺されて命を落としました。学校は安全で楽しい空間でなければならないのに…。気持ちが萎えそうな時に祝ってもらった誕生会でした。

子ども達に寄り添ってこそ、未来が開かれます。


（2005・3・1）

出発

「美恵子さんに伝えたいことがあるの」

義姉から電話をいただきました。毎朝、近所の子ども達の登校を見守っているとのことでした。

「おばさん、いくつ？」

「名前は何ていうの？」

毎日、立っていると子ども達の方から声をかけてくるそうです。

体の大きな中学生までも、

「おばさん、おはよう！　いつもごくろう様！」

と、声をかけてくれるとのことでした。

町内の回覧板で知って始めたボランティア活動。

「悲しいことが起きている世の中だから、何か役に立つことがしたかったの。子ども達と接していると、先生の気持ちがわかる気がしたわ」

蔵王の山々が美しく見える通学路に、毎朝、「見守っています」のたすきをかけて立っている義姉の姿を想像しました。

子ども達の笑顔にふれて元気をもらう大人。大人の優しさ温かさにふれて安心感を抱く子ども達。心ある大人のまなざしが子ども達の環境を整えていく。

東京童話会の先輩達は、お話を通して子ども達の心にふれる活動をしています。手弁当で全国のあちらこちらにいって、お話を伝えています。その一員でいられることが嬉しい。

「井上教諭よ、しっかり学んで成長せよ！」

童話会の原稿依頼は、そういう意味だったと理解しています。原稿と向きあうことで、自分自身の教育実践を見つめることになりました。

教室で子ども達と向きあってこそ、お話が生まれるのだと思い至りました。

「教室はお話の宝庫だ。お話のたねはつきない」

先輩から何度も聞かされていたことが理解できます。でも形にならないのが何ともはずかしい。

頼りない後輩に、学ぶ機会を与えてくださったことに感謝いたします。

1年間の〝私の童話の歩み〟は終了しますが、本当の歩みはこれからです。

便りが届きました。

前任校、旧2年2組のクラス会開催のお知らせです。

前任校の最後の教え子達と別れて1年がたちました。あの子達は、この4月から4年生になります。童話のあゆみ第1話の主人公達です。

春休みの一日、親子クラス会を開催するので、ぜひ出席してほしいということでした。懐かしい筆跡。私に世界に一つだけの文集をくださった親御さん達の企画です。

一年一年成長するわが子と、じっくり向きあっている大人が、ここにもいます。現在担任しているクラスのお母様方です。

「わが子が成長している様子をみて嬉しいのです。みんなの感謝の気持ちです」

そう言って年度末の保護者会終了時に思いがけないプレゼントをいただきました。温かいクッションでした。

転任して出会った子ども達は、4月から最上級生になります。

また、新しいドラマが始まります。

（2005・4・1）

＝随想＝

「共に生きる」

久しぶりに1年生を受け持ちました。

入学式、ひととおりのセレモニーが終わりました。教室でさようならをしてから、一人ひとりの子ども達と握手をして帰す時です。

一番最後に残ったW君は、私の瞳をジーッと見て言いました。

「先生のこと、ぼく好き！」

まっすぐな瞳で背すじをピンと伸ばしています。思わず、ドキッ！　隣りにいたお母様が、

「まあ、この子ったら、告白している」

お母様と大人同士、目が合いました。

「とっても嬉しいです。明日も元気に学校にきてね、待っています」

しっかり握手をして別れました。カチンコチンになっているW君でした。

5月の連休に入る前の日、やっぱり、さよならの時です。

「先生、さみしいの?」

とAちゃん。

「みんなとさよならするから、さみしいんでしょう。でも、元気出してね、また会えるんだから」

と私の顔を優しく見上げています。

Aちゃんは、毎朝学校にくる時、お母さんと別れるのが辛くて、泣いて登校してくる子です。お母さんのお腹の中には、赤ちゃんがいるのです。だからもうすぐお姉さんになるのです。そのAちゃんが今度は私を気づかってくれました。

すると、その後に並んでいたO君が、

「ぼく、先生のこと忘れないよ。おやすみするときも、ずっと忘れないよ」

とまじめな顔で優しく言ってくれるのです。

おシャマのMちゃんは、

「私は忘れてしまうと思うわ、だって忙しいんだもの」

すると、すかさず回りの子が、

「また会えるんだから元気出してね」

とフォロー(!?)してくれるのでした。

そうでした。1年生の担任は、子ども達にいやされるのでした。久しぶりに味わうストレートな気持ちのやりとりです。いつも子ども達の素直な感情を受け止められる教師でいたいと思います。

中学生になった教え子達も、やはり可愛いのです。出張して留守をした次の日、机の上にメモ用紙を見つけました。卒業生のH君とT君です。

「会えなくて残念。明日から中間テストがあるので帰ります。また来ます」

「顔を見にきたよ」

何かあったのかしら、などと思います。

いつも子ども達の心の基地でいられたら、どんなに嬉しく楽しいことでしょう。未熟な教師であるからこそ、少しでも子ども達に寄り添っていきたいと思うのです。（2002・6・1）

おわりに

「教師生活43年間を終えて、一番に思い浮かぶ人は誰なの?」

夫にそう聞かれました。真っ先に浮かんだのは、大貫昭子先生でした。

大貫さんと初めて出会ったのは、2007年4月です。麹町にある組合の会議室でした。全教(全日本教職員組合)女性部の第1回常任委員会。彼女は東北ブロックから、私は関東ブロックから選出され、初の顔合わせでした。自己紹介から同じ年齢であることがわかり、同郷の福島出身であることから親近感を抱きました。

2009年10月、全国女性教職員学習交流集会が福島で開催されました。事務局長は大貫さんです。全体会の講演は高遠菜穂子さん(イラクボランティア活動家)をお呼びして、2日間568人の参加で成功させました。大貫さんは、3年間の全教女性部の常任を退任されました。

2010年夏に再会しました。日本母親大会が福島の地で開催されたのです。事務局として走り回っている姿がありました。彼女はいつもキラキラと輝いています。2年連続で大きな大会を成功させるのは、さぞかし大変だったに違いありません。福島の底力を見る思いでした。

そして、2011年3月11日の東日本大震災。福島は、地震と津波のほかに、放射能汚染に見舞われました。家も職場も失い、命からがら避難した日々は、過酷を極めたに違いありません。そうしたなかで、10月の全国女性教職員学習交流集会in香川大会に駆けつけて特別報告をしてくれました。私が初めて全教の女性部部長として迎えた大会でした。

1章に所載した東京民報2015年11月29日号のコラムで彼女を紹介しましたが、自ら被災しながらも全国を駆け回って福島の今を伝え続けた人でした。「地震と津波は天災ですが、放射能汚染は人災です」、そう言って故郷の実態を告発し続けました。

私は福島生まれで22歳までそこで育ちましたが、相馬には行ったことがありませんでした。東京電力福島原子力発電所は、存在は知っていましたが、見たこともありませんでした。大震災から2年後の3月9、10日に、現地を訪ねる企画のバス旅行がありました。ツアーのメンバーのなかで、教員は私一人だけでした。相馬に入ってから、バスの中に冊子を抱えた男性が入ってこられました。それこそ、福島県立高教組女性部発行のあの冊子『福島から伝えたいこと』でした。女性部から頼まれたということでした。

「ああ、大貫さんに挨拶もしないできてしまったなあ。忙しい人だから、こちらにいないかもしれないなあ」などと思いながら、携帯電話をかけると、すぐにつながりました。

「水臭いなあ。これから会いに行きますから、待っててね」

と言って、休憩所にとんできてくれました。バスツアーの方々に彼女を紹介すると、瞬く間に冊子は売れました。さらに、皆さんのそれぞれの活動の場所に冊子を送ってほしい、と注文までありました。彼女の素早い行動力と誠実な人柄が人をひきつけ、事実の重みが運動を広げていくのだなあと感心しました。

最後に会ったのは、全教が夏に開催する「教育のつどい」の全体会でした。彼女は、被災地の今を報告するために毎年参加していました。

真っ白のノースリーブのワンピースが眩しく、ショートカットがよく似合っていました。初めて出会った頃はロングのカーリーヘアーでしたので、とても印象的でした。変わらないのは、背筋をピンと伸ばして全身で語る凛としたたたずまいです。

「おっ、生きてたね」と私の軽口に、

「癌がね、体中に転移するのよ。全身傷だらけよ」

「でも、この髪は地毛よ。自分の髪がでてきたのよ」

と嬉しそうに応じてくれた姿が、まるで映画のワンシーンのように思い出されます。

「命の続く限り、福島を伝え続ける」と、言ったとおりの人生でした。享年62歳。つどいで会ってから5か月後のことでした。

何度も手術を繰り返しながら戦い続けた大貫さんは、私の中で生きています。彼女に恥ずかしくない生き方をしなくてはと、今も私の背中を押してくれています。

本を出版するにあたり、まず最初に大貫さんに報告をしたいと思いました。

この本の1章は、東京民報に掲載されたコラム「美恵子先生の子ども・教育」です。このコラムが無ければ本はできませんでした。5年もの長きにわたり、いつも優しく励ましてくださった東京民報担当記者の上野敏之さん、編集長の荒金哲さんには、感謝の気持ちでいっぱいです。大変お世話になりました。

また、カバーの絵と本文のイラストは絵本作家・画家の石井勉さんです。石井さんのお描きになる絵は、優しくあたたかで心を包み込んでくださいます。私のつたない文章を引き上げてくださいました。本当にありがとうございます。

そして、厚かましいお願いにもかかわらず、本書を快く推薦してくださった作家の早乙女勝元さんに深くお礼を申し上げます。

最後に、あけび書房代表の久保則之さん、清水まゆみさんに心よりお礼を申し上げます。温かい励ましと適切なご指導・アドバイスのおかげで本書を出版することができました。

皆様に、この場をお借りして改めて感謝申し上げます。ありがとうございました。

2020年7月

井上 美恵子

井上　美恵子（いのうえ　みえこ）

1955年、福島県生まれ。
福島大学教育学部卒業。
1977年〜東京都公立小学校教員。
2015年〜20年、東京都公立小学校再任用短時間勤務教員（新人育成教員）。
元・全日本教職員組合女性部部長
東京都小学校児童文化研究会特別理事
韓国原爆平和展示館理事
江東こどもの健やかな育ちを支える区民の会発起人

先生とお母さんへのエール

2020年8月10日　第1刷発行©

著　者——井上美恵子
カバーと本文のイラスト——石井　勉
発行者——久保　則之
発行所——あけび書房株式会社
102-0073　東京都千代田区九段北1-9-5
☎03.3234.2571　Fax 03.3234.2609
akebi@s.email.ne.jp　http://www.akebi.co.jp

組版・印刷・製本／モリモト印刷　ISBN978-4-87154-181-7　C3036

あけび書房の本

CDブックス
日本国憲法前文と9条の歌
うた・きたがわてつ　寄稿・早乙女勝元、森村誠一、ジェームス三木ほか　憲法前文と9条そのものを歌にしたCDと、早乙女勝元ほかの寄稿、総ルビ付の憲法全条文、憲法解説などの本のセット。大反響！
1400円

心療内科医とその妻の子育てエンジョイ記
まされる宝
岡部憲二郎、登喜子著　「まされる宝　子にしかめやも」（山上憶良）―まさにそうです。しかし、子育ては難しい。でも、楽しい。3人の子育ての悲喜こもごもをありのままに綴った、軽妙かつ珠玉の一冊
1600円

スナックママの愛いっぱい親子日記
子育ては金かけないで愛かけて
奈良好子著　斉藤晴雄解説　この親子日記は宝物いっぱいのビックリ箱！　母と娘の愛の記録、子育ての知恵いっぱいの物語です。親子日記の実物満載。読者から感動の声多々。**三上満、大野英子さん絶賛推薦**
1524円

過去の歴史を直視し、日本国憲法を根っこに据えて
これからの天皇制と道徳教育を考える
岩本努、丸山重威著　教育勅語容認、道徳教育復活、異常なまでの天皇礼賛の今、諸問題を整理する。分かりやすさ抜群。**堀尾輝久**（元日本教育学会会長）、**石山久男**（元歴史教育者協議会委員長）**推薦**
1500円